Meyer / Madjidi   FlipchartSALES

Die Autorinnen

Elke Meyer

ist seit 25 Jahren Personalexpertin. Mit ihrem Team von Kompetenzsprung berät, trainiert und coacht sie in vielen internationalen Unternehmen – mit einem besonderen Schwerpunkt: Training und Personalentwicklung mit hohem Standard einzuführen und zu halten. Sie ist eine der beiden Autorinnen des Bestsellers „FlipchartArt – Ideen für Trainer, Berater und Moderatoren" sowie diverser Fachartikel zum Thema und hat damit in Deutschland wesentlich zu einem hohen Niveau beim Einsatz von Visualisierung beigetragen.

www.kompetenzsprung.de

Laleh Madjidi

ist Vertriebstrainerin und Expertin für Neukundengewinnung im B2B-Bereich. Sie coacht und trainiert Führungskräfte und Vertriebsmitarbeiter im Außen- und Innendienst, hält Impulsvorträge und berät beim Aufbau von Vertriebsteams sowie bei der Organisation von Vertriebsstrukturen. Laleh Madjidi verfügt über mehr als 15 Jahre Erfahrung im Vertrieb von Lösungen und arbeitet seit über 12 Jahren effektiv mit Flipcharts im Verkauf. Bis 2009 war sie erfolgreiche Verkäuferin und Vertriebsleiterin im Geschäftskundenvertrieb eines international agierenden Telekommunikationsunternehmens.

www.laleh-madjidi.de

www.FlipchartSALES.de

FlipchartSALES

Die einfache Methode für
erfolgreiches Verkaufen im Termin

Von Elke Meyer und Laleh Madjidi

Die Deutsche Nationalbibliothek verzeichnet diese Publikation
in der Deutschen Nationalbibliografie; detaillierte bibliografische Daten
sind im Internet über http://dnb.d-nb.de abrufbar.

Autorinnen und Verlag haben alle Texte in diesem Buch mit großer Sorgfalt erarbeitet.
Dennoch können Fehler nicht ausgeschlossen werden. Eine Haftung des Verlags oder
der Autorinnen, gleich aus welchem Rechtsgrund, ist ausgeschlossen.

Lektorat: Dr. Gerhard Seitfudem, gerhard.seitfudem@publicis.de

Print ISBN 978-3-89578-449-1
ePDF ISBN 978-3-89578-932-8

Verlag: Publicis Publishing, Erlangen, www.publicis-books.de
© 2015 by Publicis Erlangen, Zweigniederlassung der PWW GmbH

Das Werk einschließlich aller seiner Teile ist urheberrechtlich geschützt. Jede Verwendung
außerhalb der engen Grenzen des Urheberrechtsgesetzes ist ohne Zustimmung des Verlags
unzulässig und strafbar. Das gilt insbesondere für Vervielfältigungen, Übersetzungen,
Mikroverfilmungen, Bearbeitungen sonstiger Art sowie für die Einspeicherung und
Verarbeitung in elektronischen Systemen. Dies gilt auch für die Entnahme von einzelnen
Abbildungen und bei auszugsweiser Verwendung von Texten.

Printed in Germany

Inhaltsverzeichnis

Warum dieses Buch? ... 10
Fürs Zeichnen braucht man viel Talent! ... oder? ... 12
Ihr persönlicher „Eignungstest" ... 13

1 S – SALES-Appeal ... 15
1.1 Ihr Vorteil! ... 15
1.2 Verkaufen auf Augenhöhe ... 18
1.3 Im Wettbewerb die Nase vorn ... 21

2 A – Anders als andere ... 24
2.1 Im Termin ... 24
2.2 Ziele setzen ... 25
2.3 Vorbereitung ... 27
2.4 Der rote Faden ... 28
2.5 Einstieg ... 29
2.6 Informationsphase ... 31
2.7 Visualisierung der Kernpunkte ... 33

3 L – Lösungen ... 36
3.1 Lösungen visualisieren mit „System" ... 37
3.2 Flipcharts beim Abschluss ... 41

4 E – Entwickeln ... 45
4.1 C.A.U.S.E. ... 45
4.2 Material: Pflicht und Kür ... 49
    Papier ... 50
    Stifte – Flipchart-Marker ... 52
    Material zur Befestigung des Papiers ... 53
    Flipchart-Marker in Firmenfarbe ... 54
    Wachsmalblöcke ... 55
4.3 Leserlich schreiben ... 55
4.4 Einfach zeichnen ... 62
    Symbole zeichnen in 3 bis 4 Schritten ... 65
    Visuelle Verpackung (ViVe) ... 67
    Farbe ... 67
    Colorierung mit Wachsmalblöcken ... 70

Schatteneffekte ... 72
Mimik ... 72
Bewegungslinien ... 74
Aktive Verkaufszeit im Termin sparen mit vorbereiteten Flipcharts ... 75
4.5 Chart-Vorlagen (Templates): Aufbau und Dynamik ... 76
Mindmap ... 78
Investment-Baum ... 79
Justitia: die Waage ... 80
Kosten – Nutzen ... 81
Wege zum Ziel ... 82
Zeit = Geld ... 84
Step by step – die Treppe ... 86
Gegenüberstellung, Vergleich ... 87
Den Berg erklimmen ... 88
Zielfeld ... 89
3-Felder- und 4-Felder-Tafel ... 90
Systemisches Netz ... 91
Schlucht überbrücken ... 92
Fluss ... 93
SPIN ... 94
Ishikawa-/Fischgrätendiagramm ... 96
Benchmark ... 98
Fußballfeld ... 99
Regenschirm ... 100
Pyramide ... 101
Rundumcheck ... 102
Thermometer/Gewichtung ... 104
Wunschkonzert ... 105
Problemanalyse ... 106
4MAT-System ... 107
Kopfstandmethode ... 109
Stern ... 110
Schnittmenge ... 111
„Aus eckig mach' rund" ... 112
Diagonale ... 114
SWOT ... 116

5 S – Symbole aus der B2B-Welt ... 118
5.1 Universell Einsetzbares ... 119
5.2 Aufzählungszeichen ... 129
5.3 ViVe = Visuelle Verpackung ... 131
5.4 Pfeile ... 139
5.5 Personen ... 142

5.6 Ziel 149

5.7 Verkauf 152

5.8 IT und Telekommunikation 158

5.9 Finanzwelt 164

5.10 Healthcare 171

5.11 Mobility 176

5.12 Ihre eigenen Symbole 182

6 Übungen 185

7 Index: Stichwörter, Praxisbeispiele, Symbole und Templates 192

Herzlichen Dank! 197

Warum dieses Buch?

Liebe Leserin, Lieber Leser,

im B2B-Verkauf geht es darum, unser Gegenüber abzuholen, Vertrauen zu schaffen und ein für beide Seiten gutes Geschäft zu generieren.

Es geht aber auch darum, seine verkaufsaktive Zeit optimal einzusetzen. Die Chance vor Ort beim Kunden zu nutzen, um den Auftrag – wenn möglich schon im Ersttermin – zu erhalten.

Das funktioniert aber nur, wenn unser Kunde auch begreift, was wir ihm verkaufen möchten. Und wenn wir als Vertriebler schon Zeit und Geld investieren, einen Kunden zu akquirieren, einen Termin zu vereinbaren und ein Verkaufsgespräch zu führen, dann doch bitte mit dem bestmöglichen Output.

Dass der Kunde seinen Vorteil an dem Geschäft erkennen muss, ist Voraussetzung für den Kauf. Das wissen Sie, das wissen wir.

Nur setzt das voraus, dass unser Kunde überhaupt erstmal versteht, was wir ihm „erzählen", und genau da setzt das Flipchart an. Themen und Zusammenhänge werden verständlich für uns Menschen, wenn sie uns, ergänzend zum gesprochenen Wort, im wahrsten Sinne des Wortes „vor Augen geführt" – visualisiert – werden. Egal, ob wir mit einem Thema schon vertraut sind oder nicht. Je anschaulicher der Verkauf, desto leichter versteht uns der Kunde, desto wahrscheinlicher der Auftrag.

Also: **Visualisierung am Flipchart = Steigerung Ihres Verkaufserfolgs.**

Darüber hinaus sorgt ein Flipchart im Termin für Aufmerksamkeit, es ist ein Eye-Catcher und die Verkäuferin/der Verkäufer dazu ebenso. Eine wunderbare Chance, sich vom Wettbewerb abzuheben.

In diesem Buch erwarten Sie fünf unterschiedliche Aspekte:

- **Verkauf** mit Flipcharts
- **Handwerkszeug** und Tools für den Einsatz und die Erstellung von Flipcharts
- **Templates** = Vorlagen für Flipcharts
- **Symbole** in Form einer Galerie
- **Praxisbeispiele** = Flipcharts aus der Verkaufs-Praxis, die über das Buch verteilt sind.

Wir starten mit einigen Basics und Voraussetzungen für ein gelungenes Verkaufsgespräch sowie deren Verbindung zum Einsatz von Flipcharts.

Für alte Hasen im Vertrieb ist das entweder die Chance, eine Auffrischung für sich zu nutzen, oder eine Einladung, die Fast-Forward-Taste zu drücken, indem sie gleich auf die Methodik „vorspulen" und im Buch nach hinten blättern.

Angehende Vertriebler sind vielleicht dankbar für die Möglichkeit, sich zunächst in die Welt des Verkaufens einlesen, um danach den Sinn und Zweck von Flipchart im Verkauf besser nachvollziehen zu können.

Wie auch immer: SIE entscheiden. Nutzen Sie dieses Buch ganz nach Ihrem Geschmack!

Ihre
Laleh Madjidi & Elke Meyer

Fürs Zeichnen braucht man viel Talent! ... oder?

Die Erfahrung, die wir häufig mit Kunden im Verkaufsgespräch oder Teilnehmern in Trainings machen, wenn wir mit Flipcharts arbeiten, ist die, dass viele glauben, man müsste ein Zeichentalent sein, um visualisieren zu können. Tatsächlich aber ist es überhaupt nicht schwer, Charts und Symbole wie die folgenden zu zeichnen, insbesondere dann nicht, wenn man eine Vorlage hat.

Auch Sie sind dazu in der Lage, und das möchten wir Ihnen gerne mit einem kleinen Test zeigen.

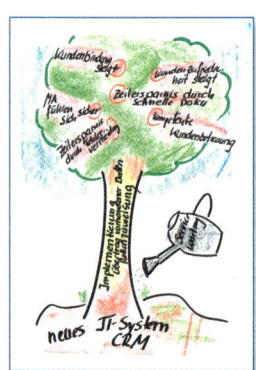 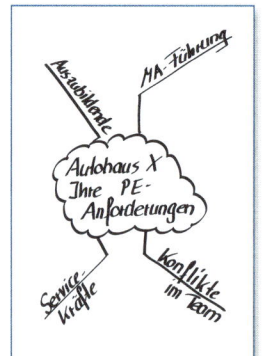 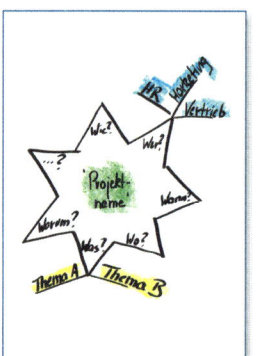 

   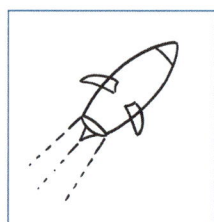

Ihr persönlicher „Eignungstest"

Bitte suchen Sie sich jetzt einen Stift und zeichnen Sie auf diese Seite folgende Grundformen:

1. Ein Rechteck
2. Einen Kreis
3. Ein Dreieck

Haben Sie das geschafft? ☺ Was für eine Frage, natürlich!

Damit verfügen Sie über alle Voraussetzungen, die es braucht, um dieses Buch für Ihren Verkauf erfolgreich zu nutzen. Denn jedes Symbol und jede Zeichnung ist im Wesentlichen aus **ganz einfachen Grundformen** zusammengesetzt. Mit ein wenig Übung sind diese Grundformen in unseren Vorlagen auf einen Blick erkennbar und leicht nachzuzeichnen.

Auf geht's in die Welt von FlipchartSALES ...

1 S – SALES-Appeal

1.1 Ihr Vorteil!

Liebe Leserin, lieber Leser, was haben Sie davon, die Welt von FlipchartSALES zu entdecken? Was ist Ihr Vorteil?

Ganz einfach: Mehr Anziehungskraft für Ihr Verkaufsgespräch oder, in unseren Worten: Mehr SALES-Appeal!

Flipcharts im Verkauf sind einfach der Hammer! Sinnvoll eingesetzt sind sie cool, sie sind anders, sie machen Spaß, sie geben Struktur und sie verkaufen. Dieses Buch zeigt Ihnen eine ebenso einfache wie effiziente Methode, ein zielführendes Verkaufsgespräch zu führen:
mit Einsatz eines Flipcharts –
dem meistunterschätzten Medium im Verkaufsprozess.

Wir bewegen uns in wettbewerbsorientierten Märkten; Globalisierung und zunehmende Technologisierung tragen dazu bei, dass wir Menschen durch ständig wechselnde Einflüsse und Eindrücke gefordert sind.

Über Tag sind wir teilweise 5.000 bis 6.000 Werbebotschaften ausgesetzt, die es für uns zu filtern gilt. Cloud Computing in Verbindung mit Smartphone & Tablets stellen uneingeschränkte Mobilität sicher und die technischen Möglichkeiten von IT-Produkten in Soft- und Hardware haben unsere Welt fast vollständig digitalisiert.

Nur eines hat sich dabei nicht oder nur kaum verändert: unser Gehirn. Wenn wir unser Gehirn mit Informationen überfluten, dann versucht es, sich vor Überlastung zu schützen. Es fängt an zu filtern – auch im Verkaufsprozess.

Stellen wir uns ein Gespräch vor, in welchem unser Gegenüber uns mit Informationen überhäuft. Was passiert? Wir schalten ab.

Vielleicht noch ein paar Mal freundlich nicken, und dann sind wir froh, der Situation entfliehen zu können oder das Gespräch proaktiv zu beenden.

Ebenso geht es Kunden im Verkaufsgespräch, wenn der Verkäufer anfängt, mit einer Fülle an Details und Produktmerkmalen punkten zu wollen.

Ein häufiges Szenario:
Redeanteil Verkäufer: 80% ➔ **Redeanteil** Kunde: 20%
Schaltet der Kunde ab, weil er sich überfordert fühlt, so überhört/übersieht er auch die entscheidenden und kaufrelevanten Informationen. In der Folge kommt es nicht zum Abschluss, und in der Regel erhält der Verkäufer keine zweite Chance für einen neuen Anlauf.
Viel Arbeit für Nichts!

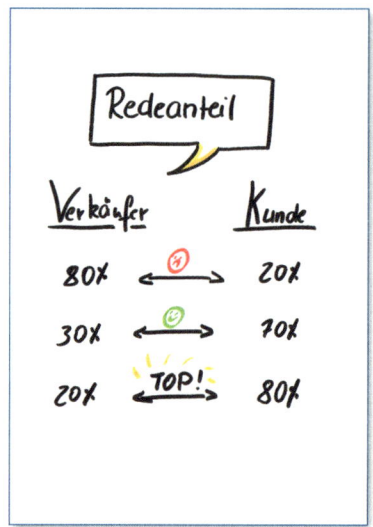

Wir Menschen sind einfach nicht dafür gemacht, uns viele Informationen auf einmal zu merken.

Die 7±2-Regel des Psychologen George A. Miller besagt, dass unser Kurzzeitgedächtnis nicht in der Lage ist, mehr als 7 (plus oder minus 2) Informationseinheiten präsent zu halten.
Wir sprechen hier von maximal 5 bis 9 Infos.

Unsere Erfahrung: Wenn wir es schaffen, dass unser Kunde nur **drei entscheidende Informationen** verstanden hat und diese behält, dann haben wir eine Menge richtig gemacht.

Wie sollten dann diese wenigen entscheidenden Informationen aufbereitet sein, damit sie „hängen bleiben"?

Nun, was die heutige Hirnforschung sicher weiß: Unser Gehirn ist nicht in der Lage, rein rationale Entscheidungen zu treffen. Jede Entscheidung ist emotional geprägt und damit auch jede Kaufentscheidung.

Es gilt darum, unsere Kunden emotional anzusprechen. Für ein gutes Gefühl zu sorgen. Und das schafft der richtige Einsatz von Flipcharts in einer Weise, die kein digitales Medium ersetzen kann.

Da schließt sich dann auch der Kreis zu der Frage, welchen Vorteil Ihnen FlipchartSALES im Verkauf bringt:

Flipcharts

- erzeugen Bilder auf dem Papier und im Kopf,
- sorgen für Transparenz und Klarheit,
- schaffen ein interaktives Präsentationserlebnis,
- unterstreichen die Attraktivität des Themas und
- intensivieren die Beziehungsebene zwischen Kunde und Verkäufer,
- ohne die sachlichen Informationen aus dem Auge zu verlieren.

Bilder erzeugen **Emotionen**. Und sie erfüllen noch eine entscheidende Aufgabe: **Sie machen Informationen „merkbar".**

Vielleicht haben Sie den einen oder anderen Gedächtniskünstler im Fernsehen dabei beobachtet, wie er sich in 30 Minuten 100 Ziffern einprägte oder 52 Karten in 22 Sekunden. Solche „Merkmeister" arbeiten mit bestimmten Merktechniken. Die Basis jeder dieser Techniken sind BILDER. Jede Information wird in ein Bild übersetzt und dadurch abrufbar.

Unser Gehirn ist nicht gemacht für Faktenfülle, es speichert Informationen viel besser ab, wenn diese als Bilder visualisiert Assoziationen auslösen.

Verkaufen mit Flipchart bedient diesen Aspekt gehirngerecht: Wir erzeugen **Bilder im Kopf**, lösen damit Emotionen aus und sorgen dafür, dass das Wesentliche auf attraktive Weise „hängen" bleibt. Unser Thema, unser Produkt, unsere Dienstleistung gewinnt an Anziehungskraft.

Ein wichtiger Schritt in Richtung Sales-Appeal!

1.2 Verkaufen auf Augenhöhe

Mit dem Flipchart verkaufen Sie auf Augenhöhe. Was meinen wir damit?

Auf Augenhöhe zu verkaufen bedeutet, als gleichwertige Partner ein Geschäft abzuschließen. Käufer und Verkäufer begegnen sich respektvoll als Unternehmer, die prüfen, ob ein gemeinsames Geschäft für beide Seiten lohnend ist. Auf Augenhöhe zu verkaufen ist die Voraussetzung dafür, dass ein Deal entstehen kann, an dem beide Seiten ihren Spaß, ihren Win haben.

Wo liegt die Verbindung von Flipcharts und der Augenhöhe zum Kunden im Verkaufsgespräch?

Stellen wir uns die Alternativen vor:

Fall A: Verkäufer A stellt sich über seinen Kunden.

Fall B: Verkäufer B bewegt sich unter seinem Kunden.

Das Verhalten des Verkäufers in **Fall A** lässt sich beschreiben mit Adjektiven wie „überheblich", „arrogant", „besserwisserisch". Sie erkennen es an seiner Wortwahl, an seinem Tonfall, seiner Körpersprache.

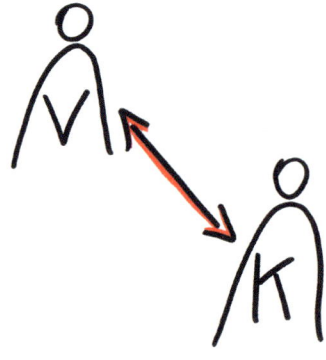

Das Verhalten des Verkäufers in **Fall B** lässt sich beschreiben mit Adjektiven wie „unsicher", „schwach" oder im Extremen sogar „unterwürfig".

- Dieser Eindruck entsteht eher durch unterschwellige Signale, wie dem häufigen Gebrauch der Konjunktive „könnte" – „würde" – „hätte", oder

- dem Einsatz der Verben „dürfen" oder „vorstellen" – „Wann darf ich mich wieder bei Ihnen melden?" – „Ich möchte mich gerne mal bei Ihnen vorstellen und unsere Leistungen präsentieren."

- Es gibt wenige bis gar keine an den Kunden adressierte Aufforderungen in der Abschlussphase, dafür eher ein schnelles Einknicken bei dem Kundenwunsch nach Preisnachlässen oder sonstigen Konditionen.

- Dazu kommen vielleicht ein (zu) weicher Händedruck, geringe Körperspannung, unruhiger Blickkontakt…

In Summe tritt der Verkäufer in Fall B mehr oder weniger devot auf.

Zugegeben, das liest sich teilweise sehr plakativ, und sicherlich treffen in den seltensten Fällen alle diese Verhaltensweisen zusammen, aber Tatsache ist: Fall B ist deshalb so erwähnenswert, weil er der in der Praxis deutlich häufigere Fall ist.

Was glauben Sie, passiert mit der Verkaufsabsicht des Verkäufer A, der sich über seinen Kunden stellt. Wird er verkaufen?

Nein, mit hoher Wahrscheinlichkeit war das die erste und vielleicht auch die letzte Chance, mit diesem Kunden ins Geschäft zu kommen.

Und wie sieht es im zweiten Fall aus? Wird Verkäufer B abschließen?

Verkäufer B's Chance, zu verkaufen, ist anders als bei A gegeben. Nur: Wenn dieses Geschäft zustande kommt, dann – soviel ist sicher – zu den Konditionen des Kunden.

Hier entstehen unnötige Zusagen, Preisnachlässe oder Vereinbarungen, die dazu führen, dass nur noch eine Seite ihren WIN daraus zieht – und es ist nicht die Seite des Verkäufers.

Ergänzend zu Fall A und Fall B existiert das **Geschäft auf Augenhöhe**. In diesem Geschäft treten Sie als Verkäufer selbstbewusst auf, ohne arrogant zu wirken, und handeln unternehmerisch. Vom Kunden werden Sie als Geschäftspartner wahrgenommen, dem es um eine Zusammenarbeit geht, die auf gegenseitigem Respekt und Wertschätzung füreinander beruht.

Wie unterstützt nun das Flipchart den Verkauf auf Augenhöhe?

Sie treten mit Ihrem Kunden in einen Dialog. Richtig eingesetzt, „zwingt" es Sie als Verkäufer dazu, Ihren Redeanteil zu reduzieren, und es fordert den Kunden auf, seinen Input zu liefern.

Es sorgt dafür, dass beide Seiten an der Lösung proaktiv arbeiten, und dies am besten dann, wenn sowohl Verkäufer als auch Kunde mit Stift „bewaffnet" gemeinsam vor dem Chart stehen – auf gleicher Augenhöhe ☺ – und zeichnen.

Um diese Situation zu schaffen, erhalten Sie praxisnahe Tipps in diesem Buch. Genau darum geht es bei FlipchartSALES!

Die Akzeptanz für eine Lösung, an der Ihr Kunde selbst mitgearbeitet hat, ist um ein Vielfaches höher als für ein „Menü", das er vorgesetzt bekommt, ohne es bestellt zu haben. Sein ausgewähltes Menü schmeckt ihm einfach besser, ist für ihn attraktiver, hat für ihn mehr SALES-Appeal!

1.3 Im Wettbewerb die Nase vorn

Wenn wir es schaffen, dass sich unser Produkt/unsere Dienstleistung von der Konkurrenz abhebt, wir ein sogenanntes USP (Unique Selling Proposition) – ein Alleinstellungsmerkmal – besitzen, dann kann das der entscheidende Vorteil gegenüber Mitbewerbern im Markt sein.

Aber was, wenn wir nicht über ein klares Alleinstellungsmerkmal verfügen? Das ist sehr häufig der Fall. Was unterscheidet uns dann noch vom Mitbewerber, wieso kauft ein Kunde dann ausgerechnet bei uns?

Jeder, der sich mit dem Verkaufen als solches mehr oder weniger beschäftigt hat, weiß: Im persönlichen Verkaufsgespräch kauft der Kunde auch immer den Verkäufer.

Menschen kaufen von Menschen.

Gute Verkäufer wissen das. Und diese Tatsache wird durch den Einsatz von Flipcharts im Verkaufsgespräch unterstrichen.

Wer ist denn überhaupt als Verkäufer so lässig, sich ans Flipchart zu stellen und mit dem Verkaufen am Chart loszulegen? Sehr wenige.

Kunden sind Powerpoints gewöhnt. Ausgefeilte Präsentationen via Beamer oder als kleinere Variante auf dem Verkäufer-Laptop frei nach dem Motto: „Lasst die Folienschlacht beginnen." Diese ausgetrampelten Pfade zu verlassen und anders als andere mit Flipcharts zu verkaufen, kann einen wunderbaren USP im Vertrieb darstellen, durch den Sie sich entscheidend von Ihren Mitbewerbern abheben können.

Dazu eine persönliche Geschichte von Laleh Madjidi:

Ich erinnere mich noch sehr gut, als ich 2002 das erste Mal ein Flipchart im Verkaufsgespräch aus meiner Verkäufertasche zog, meinen Kunden – Geschäftsführer eines kleinen mittelständischen Unternehmens – um einen Streifen Tesafilm bat und das Chart an seine Bürotür klebte, um mit meiner Flipchart-„Show" loszulegen. Es ging um eine Struktur für die mobile Kommunikation im Unternehmen, firmeninterne Gespräche, und darum, dass einige Mitarbeiter des Kunden zu viele Privatgespräche auf Firmenkosten führten. Die Lösung für diese Themen hatte ich parat, hatte auch schon mal in einem Training geübt wie man so etwas ansprechend zeichnet, aber „live" beim Kunden", das war neu. Und zugegeben: Ich war aufgeregt. „Wie kommt das wohl beim Kunden an?" „Kann er meine Schrift (ich verfüge – realistisch betrachtet – eher über eine Klaue) überhaupt lesen?" Und: „Der fängt gleich an zu lachen, wenn ich hier anfange zu ‚malen'." So oder ähnlich waren meine Gedanken auf der einen Seite, und auf der anderen dachte ich: „Ach, was! Ich hab' hier gar nichts zu verlieren und wenn das mit dem Flipchart wirklich mal was anderes ist als der Verkäufereinheitsbrei, den mein Kunde sonst vorgesetzt kriegt, dann probier' ich es jetzt einfach aus!" Gedacht, getan. Und was soll ich sagen: Es hat funktioniert! Durch die Visualisierung hat mein Kunde die Lösung tatsächlich auf Anhieb verstanden, dann haben wir gemeinsam das Chart noch um den ein oder anderen Punkt ergänzt, und 20 Minuten später lag der unterschriebene Auftrag auf dem Tisch.

Das war aber noch nicht alles. Bei meinem zweiten Besuch im Unternehmen – vielleicht 4 Wochen später – hing mein Chart noch immer an der Tür. O-Ton des Kunden: „Frau Madjidi, das hab ich hier gleich mal hängen lassen, um meinen Mitarbeitern die neue Struktur für unsere Telefonie zu erklären und jeder neue Mitarbeiter kriegt das auch gleich am ersten Tag erklärt."

Liebe Leserin, Lieber Leser, es geht nicht darum, wie gut Sie zeichnen können oder wie schön Ihre Schrift aussieht. Es geht um das Miteinander, das gemeinsame Entwickeln von Lösungen. Die Technik steht im Hintergrund. Tun Sie es einfach: Trauen Sie sich, einen Stift in die Hand zu nehmen und auf die weiße Fläche von 70 cm x 100 cm drauflos zu zeichnen.

So sind Sie nicht einer von vielen, sondern haben im Wettbewerb die Nase vorn: Auf positive Weise besonders zu sein, ist attraktiv.
Das hat Sales-Appeal!

2 A – Anders als andere

2.1 Im Termin

Ziel dieses Buchs ist es, Sie im Verkauf durch den cleveren Einsatz von Flipcharts noch erfolgreicher zu machen. Insbesondere im Ersttermin unterstützt Sie das Flipchart dabei, direkt abzuschließen. Dafür ist es wichtig, dass Ihr Verkaufsgespräch im Ersttermin bestimmte Kriterien erfüllt. Als „alter Hase" im Verkauf wissen Sie, wie ein gutes Verkaufsgespräch optimal läuft, und die Inhalte der folgenden Kapitel sind für Sie nicht neu. Nutzen Sie die Chance für eine Auffrischung oder wählen Sie ganz einfach die „Fast-Forward-Taste" und „spulen". Beides erwünscht. Sofern Sie noch sehr „frisch" als Verkäufer agieren, lassen Sie uns zunächst in jedem Fall gemeinsam einen Blick auf die Realität werfen:

Kennen Sie folgenden Verkäufer-Typ?
„Sagen Sie nichts, lieber Kunde, ich weiß was Sie brauchen." Spricht's und packt den Bauchladen in seiner üppigen Produktvielfalt aus.

Etwas übertrieben? Vielleicht ein wenig. Die Realität sieht jedoch oft genug genauso aus.

Die meisten Verkaufsgespräche enden damit, dass der Verkäufer bereits sein ganzes Pulver verschossen hat, noch bevor der Kunde den Hauch eines Verlangens spürt.

Daher unsere Bitte:
Führen Sie Ihr Verkaufsgespräch wie einen richtig guten Krimi – mit der AufLÖSUNG am ENDE.

Hier drei Tipps:

1. Im Ersttermin lassen Sie sich bitte so viel wie möglich von Ihrem Kunden über sich selbst und sein Unternehmen erzählen.
2. Kommen Sie erst danach zu den Themen rund um Ihr Produkt oder Ihre Dienstleistung.
3. Auch wenn Sie das Gefühl haben, Sie halten es nicht mehr aus, warten Sie mit der Präsentation Ihrer Lösung solange, bis Ihnen der Kunde bestätigt, dass er grundsätzlich kaufbereit ist, wenn sein Problem X gelöst wird oder er den Vorteil Y erreichen kann.

2.2 Ziele setzen

Wenn wir Verkäufer fragen „Was ist Ihr Ziel für das heutige Erstgespräch mit Ihrem Kunden X?", dann erhalten wir zu über 90 Prozent folgende Antworten:

1. „Mich vorstellen und unser Produkt Y präsentieren."
2. „Erst mal eine Bedarfsanalyse machen."
3. „Den Kunden kennen lernen und dann mal schauen, was geht."

Vielleicht kommen Ihnen diese Antworten bekannt vor.

Wenn Verkäufer mit einem dieser drei Ziele in den Ersttermin gehen, stehen die Chancen gut, eben genau dieses Ziel auch zu erreichen:

1. Sie stellen sich und Ihr Unternehmen vor – selten auf Augenhöhe und meistens sehr langatmig für den Kunden.
2. Sie machen erst mal eine „Bedarfsanalyse" – häufig mit produkt- oder leistungsspezifischen Fragen, stark ausgerichtet auf das eigene Portfolio.
3. Sie stellen im besten Fall eine Beziehungsebene her und gehen dann mit Hausaufgaben zurück ins Büro, „um zu schauen, was geht".

Ziel erreicht.
Aber: Nix verkauft.

Also, bitte Obacht bei der Wahl Ihres Ziels!

Verkäufer, die den Abschluss vor Augen haben, bei denen **der Auftrag das Ziel** ist, formulieren dieses konkret:
„Mein Ziel für den Termin morgen ist die Unterschrift!"
„Ich geh' da morgen mit dem Auftrag raus. Punkt."

Sie werden tatsächlich nur dann abschließen, wenn das Ihr erklärtes Ziel ist.

Das alleine reicht allerdings noch nicht aus. Die Zielformulierung ist also keine „hinreichende Bedingung", wie unsere Mathe-Lehrer es ausgedrückt hätten, sondern die „notwendige Bedingung". Will sagen: Trotz unseres Ziels, im Ersttermin zu verkaufen, kann es zu einem Zweittermin kommen. Aus verschiedenen Gründen. Eines ist jedoch sicher: Wenn wir uns den Abschluss im Erstgespräch nicht als Ziel setzen, wird es definitiv zum Zweittermin kommen.

Nachdem Sie Ihr Ziel also formuliert haben, bereiten Sie den Ersttermin mit Ihrem Kunden vor.

2.3 Vorbereitung

Verkaufsgespräche im Ersttermin sind herrlich einfach in der Vorbereitung. Aus folgendem Grund:
Es macht keinen Sinn, eine aufwendige Präsentation vorzubereiten, denn Sie kennen Ihren Kunden ja noch nicht.

Sie haben vielleicht etwas über ihn im Internet gelesen, womöglich kennen Sie ihn auch aus der Presse, kennen die Branche, wissen um das Produktportfolio des Kunden und eventuell noch etwas mehr. Und das bedeutet:
Sie kennen Ihren Kunden nicht.

Sie wissen nicht, was Ihrem Ansprechpartner – dem Entscheider – wichtig ist. Wer er ist, wie er Geschäfte macht, wie er denkt, was er an Geschäftspartnern schätzt, wie er das Unternehmen/seine Abteilung führt, worauf er Wert legt. Sie wissen nicht, wie Ihr Kunde sein Geld verdient. Warum seine Kunden bei ihm kaufen, warum Kunden erneut bei ihm kaufen, wie das Unternehmen organisiert ist, was die Unternehmensphilosophie ist und, und, und, ...

Das können Sie auch nicht wissen, da Sie noch nicht mit dem Kunden gesprochen haben – außer vielleicht während des Akquisegesprächs für diesen Termin.

Je mehr Sie über den Kunden wissen, umso zielsicherer können Sie ihm ein Angebot unterbreiten, das genau zu ihm passt.

Sie benötigen das WER und das WIE.
Wer ist mein Gegenüber? Und wie funktioniert sein Geschäft?
Achtung: Und zwar völlig unabhängig von Ihrem Verkaufsthema.

Lassen Sie sich auf die Welt Ihres Kunden ein, nehmen Sie gedanklich Platz auf seinem Stuhl und verstehen Sie sein Geschäft. Lernen Sie das Unternehmen als Ganzes kennen und schätzen. Legt Ihr Kunde beispielsweise Wert auf Qualität und ist selber eher hochpreisig am Markt vertreten, so ist das eine wertvolle Info beim Verkauf Ihrer eigenen Leistung. Sind in der Branche Ihres Kunden geringe Margen üblich, so sollten Sie dies im Hinterkopf haben, wenn es um die Preisverhandlung geht.

Lesen Sie im nächsten Abschnitt, was es braucht, um das WER und das WIE zu erhalten.

2.4 Der rote Faden

Vielen Verkäufern hilft es, eine leicht verständliche und merkbare Struktur im Kopf zu haben, wie sie ein Verkaufsgespräch aufbauen sollen.

Stellen Sie sich dafür einfach folgendes vor:
Im Termin brauchen Sie einen Zugang zu Ihrem Kunden. Sowohl persönlich, als auch inhaltlich. Das ist die Basis, um einen Fuß in die Tür zu bekommen und somit Einlass in die Welt unseres Kunden. Einlass ins Unternehmen, wenn wir durch den Empfang schreiten, Einlass in das Büro oder den reservierten Meetingraum, Einlass in die Gedankenwelt unseres Gegenübers und Einlass als Geschäftspartner auf Augenhöhe.

„Einlas(s) zu erhalten" – im buchstäblichen wie im übertragenen Sinn – ist das Bild, mit dem folgendes Akronym arbeitet, wenn wir von den 6 Phasen des Verkaufsgespräches reden:

EINLAS – Die 6 Phasen im Verkaufsgespräch:

1. Einstieg = Gesprächseröffnung & Agenda
2. Informationsphase = Wie tickt mein Kunde? Wo ist sein Problem?

Einstieg
Informationsphase
Nutzen
Lösung
Aber des Kunden
Sack zumachen

3. **N**utzen	= Nutzen erkennen, den sich der Kunde wünscht
4. **L**ösung	= Lösung präsentieren
5. **A**ber des Kunden	= Mögliche Einwände behandeln
6. **S**ack zumachen	= Abschließen

Auf den folgenden Seiten werden wir auf einige dieser 6 Phasen detaillierter eingehen.

2.5 Einstieg

Wenn Ihr Kunde den Gesprächseinstieg nicht selbst übernimmt, dann warten Sie bitte nicht unnötig lange, bis Ihr Gegenüber das Wort ergreift, sondern sagen Sie direkt, worum es Ihnen geht und was Ihr Ziel für dieses Gespräch ist.

Eröffnet Ihr Kunde – als Gastgeber – von sich aus das Gespräch, holen Sie ihn ab und liefern ihm Ihre Idee für den Gesprächsablauf.

In beiden Fällen haben Sie die Möglichkeit, die Agenda für das Gespräch charmant vorzugeben. Beispielsweise mit der „1-2-3-dabei? – Agenda".

„Frau Thielen, meine Idee für unser Gespräch ist folgende:
(1) Erstens möchte ich Sie gerne kennenlernen, mehr über Ihr Unternehmen erfahren und darüber wie Sie ihr Geld verdienen, **(2)** zweitens erzähle ich Ihnen etwas über mich und die Möglichkeiten mit (… Lösung/Produkt/ Unternehmensname – in jedem Fall Bezug zu Ihrem Geschäft) und **(3)** danach schauen wir uns gemeinsam an, ob die Thielen GmbH und (…) zusammenpassen.
Was halten Sie davon? (Sind Sie **dabei?**)"

Sofern Sie Ihren Kunden schon kennen, wandeln Sie die Agenda einfach um in diese 3 Punkte:

1. Was ist gerade bei Ihnen aktuell?
2. Was passiert gerade bei uns?
3. Wo und wie können wir zusammenarbeiten?

Holen Sie sich in jedem Fall das OK Ihres Gegenübers für diese Gesprächsstruktur ab – keine Sorge, Sie werden es erhalten. Dass Sie Ihrem Kunden die Arbeit abnehmen, für den Termin einen roten Faden zu spinnen, empfinden viele Kunden als angenehm.

Im Ersttermin starten Sie zunächst mit einer kurzen Vorstellungsrunde. Üben Sie einen knackigen Elevator Pitch, der sich für ein persönliches Gespräch eignet; natürliche Sprache ist hier gefragt.

Was ist ein Elevator Pitch?
Der amerikanische Begriff Elevator Pitch stammt aus den 1980er Jahren. Ein Elevator Pitch (zu deutsch: „Aufzugspräsentation") bringt mit wenigen Sätzen auf den Punkt, wer wir sind, was wir verkaufen und was unsere Kunden davon haben, mit uns zusammenzuarbeiten. Das alles in etwa 30 bis 60 Sekunden. Eben so lange, wie eine Fahrt mit dem Aufzug dauert – zumindest in einem Wolkenkratzer in den Vereinigten Staaten.

Fassen Sie sich bitte kurz, Sie haben noch ausreichend Gelegenheit, über sich, Ihre Leistung und Ihr Unternehmen zu sprechen. Jetzt geht es erst mal darum, Ihren Kunden zum Reden zu bringen.

Und zwar wie?

Na, ganz entspannt. Wenn Ihr Kunde anfängt, über sich und sein Unternehmen zu erzählen, hören Sie bitte sehr genau hin und stellen Sie Fragen. Egal, was Sie wissen möchten, bitte fragen Sie!

2.6 Informationsphase

Erstaunlicherweise tun sich Verkäufer häufig sehr schwer damit, dem Kunden Fragen über sein Geschäft zu stellen, die nichts mit dem Produkt zu tun haben, das Sie verkaufen wollen.

Wie oft haben wir von Verkäufern schon gehört:
„Verkaufszahlen des Kunden? – Danach kann ich doch nicht fragen? Das ist doch irgendwie indiskret."
„Wie er im Wettbewerb zur Konkurrenz aufgestellt ist? Das wird er mir doch gar nicht sagen."
„Wie der Tagesablauf seiner eigenen Verkäufer aussieht, welche Margen er hat, welches seine Vertriebsziele für das aktuelle Geschäftsjahr sind – das sind doch Interna."

Liebe Verkäuferinnen und Verkäufer, es macht an dieser Stelle keinen Sinn, Ihnen zu schreiben: „Doch, er wird es Ihnen sagen."
Probieren Sie es einfach aus – sofern Sie noch zu den Nichtfragern gehören – und haben Sie Vertrauen, dass Menschen gerne über sich und ihr Unternehmen sprechen.

Die Informationsphase ist die vielleicht wichtigste Phase des Verkaufsgespräches. In dieser Phase lernen Sie Ihren Kunden kennen, spüren wie er tickt, was das Unternehmen ausmacht, wo mögliche „Schmerzen" liegen, was ihn beschäftigt:

Auch hier entscheidet Ihr Ziel für diese Phase. Wollen Sie **Ihren Kunden wirklich verstehen**, seine Brille aufsetzen, dann werden Sie automatisch Fragen zu folgenden drei Bereichen stellen:

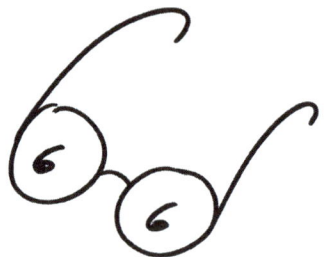

1. *Das große Ganze (Unternehmen und Person)*

   Was zeichnet Ihr Unternehmen (im Vergleich zum Wettbewerb) aus?

   Wie sind Sie zum Unternehmen XY geworden?

   Wo wollen Sie in den nächsten 3/5 Jahren hin?

   Wie sind Sie deutschlandweit/national/international aufgestellt?

   Wie ist Ihre Geschichte, Frau/Herr …, im Unternehmen?

2. *Umfeld, in dem Ihr Produkt/Ihre Dienstleistung eingesetzt werden könnte*

   „Mit Blick auf ….: Welche Erfahrungen haben Sie mit …?"

   „Was sind aktuelle Themen?"

   „Was wollen Sie verändern?"

   „Was läuft gut, was läuft eventuell nicht so gut?"

   „Wie stellen Sie sich idealerweise … vor?"

   „Stellen Sie sich vor, Sie wären bei ‚Wünsch dir was' und nicht bei ‚So isses', was wäre Ihr erster Wunsch?"

3. *Konkretes für einen möglichen Auftrag*

   „Angenommen, wir kommen ins Geschäft, wie stellen Sie sich unsere Zusammenarbeit vor?"

   „Was erwarten Sie von Ihrem Dienstleister/Geschäftspartner?"

„Was muss das Produkt/die Dienstleistung erfüllen, damit der Einsatz für Sie attraktiv ist?"

„Gäbe es eine Lösung für X, wie hoch wäre Ihre Einsparung im Bereich Y?"

Viele Ihrer Fragen ergeben sich aus dem Gespräch dann, wenn Sie gedanklich auf den Stuhl Ihres Gegenübers schlüpfen, um sein Geschäft zu verstehen. Die natürliche Neugier, die entsteht, wenn Sie wirklich Interesse an Ihrem Kunden haben, sorgt automatisch für die nächste Frage.

Am Rande: Wenn Sie, liebe Leserin, lieber Leser, an dieser Stelle des Kapitels an Ihre aktuellen Bestandskunden denken: Wie viele der oben genannten Fragen könnten Sie beantworten?

Tipp: Schreiben Sie alle wichtigen Punkte zunächst auf Ihrem Notizblock mit, um diese im weiteren Gesprächsverlauf zu nutzen. Sie werden Ihre Notizen für den Flipcharteinsatz im Termin ebenso brauchen wie für die Nachbereitung im Büro.

Während Sie sich in diesem Teil des Gespräches mit Ihrem Kunden unterhalten, werden Sie unwillkürlich erkennen, was Ihr Kunde davon hat, bei Ihnen zu kaufen. Also: was sein Nutzen aus einem möglichen Geschäft ist. Selbstbeherrschung ist hier gefragt, lassen Sie die Katze bitte noch nicht aus dem Sack.

2.7 Visualisierung der Kernpunkte

Im weiteren Gesprächsverlauf visualisieren Sie Ihre Notizen am Flipchart, um eine Zusammenfassung der Kernaussagen zu bieten.

Natürlich weiß Ihr Kunde noch, was er gerade gesagt hat, aber die Visualisierung hilft ihm genauso wie Ihnen als Verkäufer, sich im weiteren Verkaufsgespräch auf die wesentlichen Aspekte zu konzentrieren.

Sie können den Wechsel vom Schreibblock aufs Flipchart ankündigen. Beispielsweise so:
„Ich möchte Ihre Punkte für uns beide gerne sichtbar machen. Danach können wir gemeinsam Ihre Themen der Reihe nach besprechen."
Ihrem Chart geben Sie zum Beispiel die Überschrift „Das ist Ihnen wichtig", „Ihre Anforderungen" oder, wie rechts gezeigt, „**Wunschkonzert**", und schreiben dann jeden Aspekt Punkt für Punkt auf.

Da Sie die Informationsphase gut genutzt haben, um Ihren Kunden kennenzulernen, haben Sie selber Ideen entwickelt, von denen Sie sich vorstellen können oder vielleicht sogar sicher wissen, dass das Punkte sind, die für Ihren Kunden darüber hinaus wichtig sind.
Entweder weil sie ein Problem und dessen negative Auswirkungen lösen oder weil sie dem Kunden einen Vorteil/einen Mehrwert bieten.

Nehmen Sie diese Punkte mit auf, indem Sie nachfragen:

„Wie wichtig ist Ihnen … der Einsatz von XY, ein persönlicher Ansprechpartner/Vor-Ort-Austausch-Service/tagesaktuelle Daten/eine Backup-Lösung für den Ernstfall/24-h-Erreichbarkeit/Service Levels, … ist das ein Punkt, der auf die Liste gehört?"
Oder: „Wenn es eine Lösung gäbe für X, ist dies für Sie ein Punkt, den wir hier mit aufnehmen sollten?" Bestätigt Ihr Kunde, dann nehmen Sie die Punkte mit auf.
Zum Schluss: „Was fehlt jetzt noch, das Ihnen wichtig ist?"

Da Sie Ihr Produkt und dessen Möglichkeiten gut kennen, wissen Sie nach diesem ausführlichen Gespräch, welche Vorteile Ihr Kunde hat, wenn er bei Ihnen kauft. Statt dass Sie ihm die Argumente für seinen Kauf liefern, wäre es doch schön, wenn Ihr Kunde dies selbst übernähme.

Tatsächlich hat er Ihnen mit dem Chart, das Sie soeben erstellt haben, die Argumente, die für einen Kauf sprechen, zu einem großen Teil geliefert.

Übrigens:
Wenn Sie sich fragen, wo das Flipchart auf einmal her kommt, auf dem Sie gerade die Anforderungen Ihres Kunden aufschreiben: Ganz einfach, Sie haben Ihren Kunden bei der Terminvereinbarung darum gebeten, dafür zu sorgen, dass im Besprechungsraum ein Flipchart bereit steht.

Ihr Kunde besitzt kein Flipchart? Schauen Sie auf die Seiten 49 bis 52, dort finden Sie pfiffige Alternativen.

3 L – Lösungen

Die meisten Verkaufsgespräche laufen rein auf der Tonspur, so in der Regel auch die Präsentation einer Lösung. Manchmal werden an dieser Stelle Broschüren herausgeholt oder der Beamer für Powerpoint angeschmissen. Solange Sie es schaffen, Ihren Kunden damit abzuholen, alles in Ordnung.

Häufig wird hier aber viel verspielt. Oft werden die individuellen Anforderungen des Kunden an dieser Stelle einfach vergessen oder ignoriert, weil sie vielleicht nicht zu der vorgefertigten Broschüre oder PPT passen.

Wenn wir an international agierende Unternehmen denken, gibt es noch einen weiteren Aspekt, der für den Einsatz von Flipcharts spricht.

Hierzu eine persönliche Erfahrung von Elke Meyer:

„Ich habe in den Jahren, die ich nun im internationalen Business als Trainerin trainiere und unsere Produkte verkaufe, häufig folgende Erfahrung gemacht: Wir sitzen als Gruppe von Experten aus verschiedenen Ländern mit unterschiedlichem kulturellen Background und unterschiedlichen Sprachen mit rauchenden Köpfen in einem Konferenzraum. Mit mühsamer Kommunikation in drei Sprachen, mit angestrengten und konzentrierten Gesichtern versuchen wir, uns dem Anderen verständlich zu machen, um ein Geschäft zum Abschluss zu bringen. Wie oft hat in solchen Momenten ein fix erstelltes Flipchart mit Zeichnungen und Symbolen die sprachlichen Barrieren in Sekundenschnelle zu überwinden geholfen: Es hat für ein gemeinsames Verständnis gesorgt. Es hat eine entspannte, aufgelöste Atmosphäre geschaffen, in der wir uns alle zurücklehnen und erleichtert aufatmen konnten. Auf dieser Basis eines gemeinsamen Verständnisses konnten wir gut den Abschluss unterschreiben.

Diese Beispiele aus dem internationalen Kontext, wo im wahrsten Sinne des Wortes verschiedene Sprachen und Denkweisen aufeinander treffen, machen die verständigungsfördernde Wirkung von Flipcharts besonders deutlich. Die Magie des gemeinsam erstellten Ergebnisses auf Flipchart habe ich jedoch noch häufiger dort erleben können, wo auf den ersten Blick die gleiche Sprache gesprochen wurde: In Besprechungsräumen und Verkaufssituationen in Deutschland."

3.1 Lösungen visualisieren mit „System"

In diesem Buch finden Sie viele Anregungen, wie Sie die Präsentation Ihrer Produkte oder Ihrer Dienstleistung visualisieren können. Als eine gehirngerechte Möglichkeit, die Lösung für Ihren Kunden transparent und attraktiv zu präsentieren, stellen wir Ihnen an dieser Stelle ein ebenso einfaches wie zielführendes Format vor: das 4MAT-System von Bernice McCarthy.

Die Lernforscherin Bernice McCarthy entwickelte das **4MAT-System** aufbauend auf den Lernstilen von David A. Kolb. Ausgehend davon, dass Menschen verschiedene Lernverhalten zeigen und Informationen unterschiedlich aufnehmen, teilt dieses System Menschen in vier Grundtypen ein:

Den Was-Typ, den Wozu-Typ, den Warum-Typ und den Wie-Typ.

1. *Was-Typ*
   Dieser Typ möchte etwas erklärt haben und braucht Zahlen, Daten und Fakten.

2. *Wozu-TYP*
   Dieser Typ schaut in die Zukunft und möchte wissen, wozu es nützen wird?

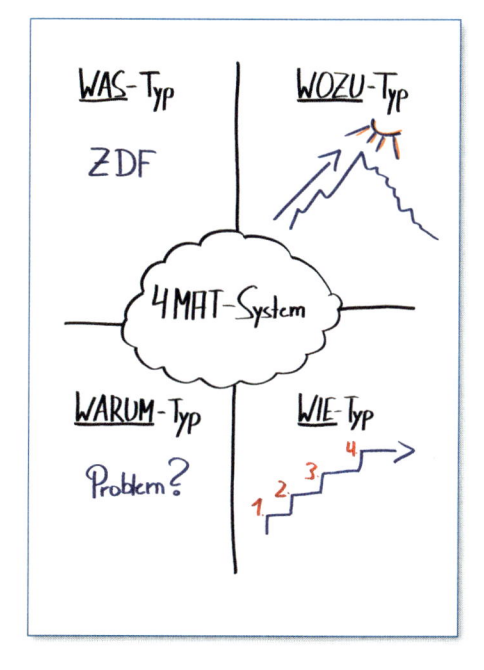

3. *Warum-Typ*
   Dieser Typ möchte wissen, warum ein Thema gerade für ihn interessant sein soll, welches konkrete Problem er hat, das sich damit lösen lässt.

4. *Wie-Typ*
   Dieser Typ möchte vor allem wissen, wie etwas funktioniert und angewandt werden kann.

Auch im Verkaufsprozess sind unsere Kunden Informationen ausgesetzt, die es zu verarbeiten gilt. Umso schöner, wenn diese Infos so aufbereitet sind, dass sie den Kunden da abholen, wo er steht, und der Verkäufer seine Botschaft kundengerecht adressiert.

Will heißen: Umso typgerechter wir unseren Kunden ansprechen, umso höher wird die Verkaufschance!

Da wir nicht immer wissen, welcher Typ oder welche Typen (Stichwort „Buying Center" oder zu deutsch „Einkaufsgremium": Mehrere Personen sind an einer Kaufentscheidung beteiligt.) uns gegenüber sitzen, macht es Sinn, im Verkaufsgespräch alle vier Lerntypen anzusprechen.

„Wie aufwendig", denken Sie vielleicht? Nein, gar nicht. Mit einem Flipchart geht das sehr leicht.

Teilen Sie Ihr Chart folgendermaßen auf:

1. *„Worum geht's"*
   In der Mitte geben Sie dem Thema einen Namen. Das kann der Name Ihrer Dienstleistung sein, der Produktname, ein Projektname, Ihr Unternehmensname, je nachdem, um was es in Ihrem Verkaufsgespräch geht. Diesem Thema geben Sie dann eine visuelle Verpackung

z. B. in Form einer Wolke oder nüchterner in Form eines Vierecks wie in der Abbildung rechts.

2. „4 Felder"
Dann teilen Sie das Chart mit 4 Strichen auf, so dass sich um das Thema 4 Felder bilden. Und beschriften die jeweiligen Ecken mit 4 Grundtypen.

3. „Inhalte schaffen"
Jetzt füllen Sie die Felder mit den für die jeweiligen Typen relevanten Informationen.

4. Das Chart nach Wunsch colorieren.

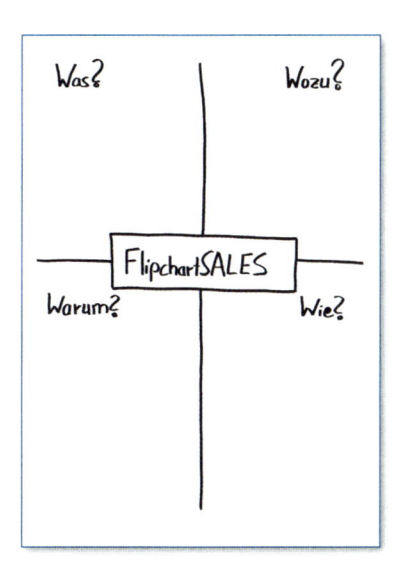

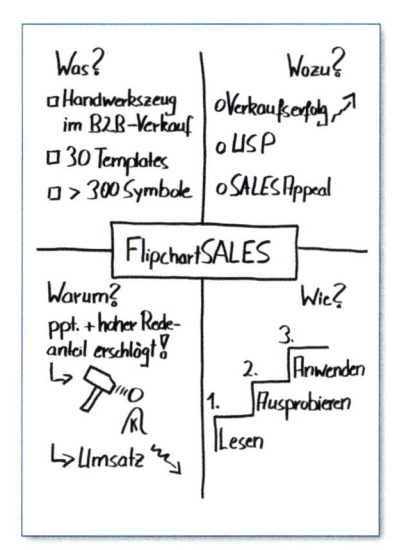

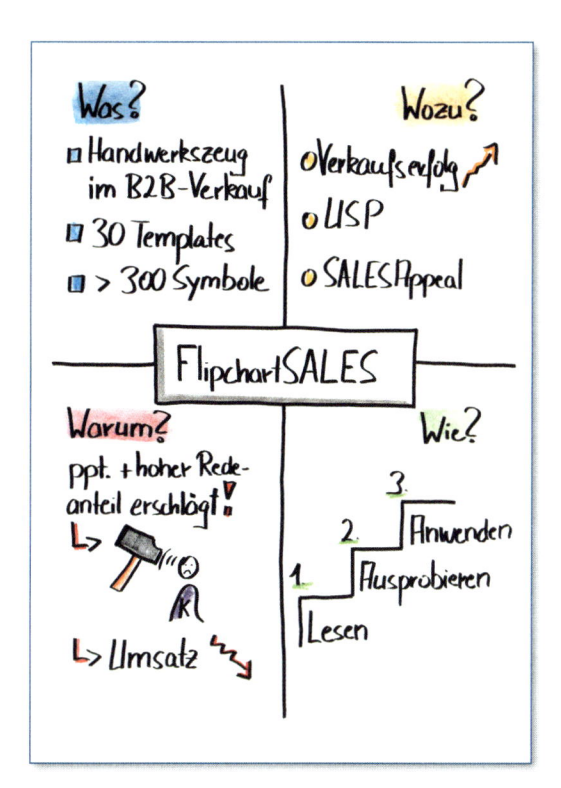

Damit haben Sie nicht nur jeden Lerntyp angesprochen, sondern auch eine denkbar einfache Struktur für die Aufbereitung von Lösungsvorschlägen an der Hand.

Diesen Leitfaden können Sie live mit Ihrem Kunden gemeinsam erarbeiten. In diesem Fall starten Sie mit dem „WARUM" und fordern Ihren Kunden proaktiv auf, dieses Feld zu füllen.

Nehmen Sie einen Stift, drücken Sie diesen Ihrem Kunden in die Hand und sagen Sie beispielsweise: „Wer weiß besser als Sie, wo der Schmerz sitzt? Bitte, kurz in Ihren eigenen Worten skizziert, wo liegt das Problem?"

Drücken Sie Ihrem Kunden den Stift völlig selbstverständlich in die Hand, damit nehmen Sie ihm die Hemmung, drauflos zu zeichnen. Ist das erste Wort geschrieben, finden wir Menschen in der Regel viel Gefallen daran, das Chart dann auch „voll zu machen" ☺.
Dann ergänzen Sie möglichst gemeinsam die übrigen 3 Felder.

In Vorbereitung auf einen Folgetermin stellen Sie das 4MAT-Chart vorab fertig, um es Ihrem Kunden zu präsentieren. In diesem Falle wäre die Kür, die vier Felder im Vorfeld abzudecken und während Ihrer Präsentation sukzessive aufzudecken. So kann sich Ihr Kunde voll und ganz auf Sie konzentrieren, ohne mit den Augen (und seinem Gehirn) schon in Richtung der nachfolgenden Punkte abzuschweifen.

Schneiden Sie dazu einfach ein leeres Flipchart in 4 Teile so zurecht, dass jedes Teil einen „Typ" abdecken kann, und bringen Sie es anschließend mit einem Haftklebestift – damit es leicht ablösbar bleibt – auf dem 4MAT-Chart an.

Für die Was-Typen unserer Leser ist vielleicht die prozentuale Verteilung der 4 Lerntypen interessant:

- Was-Typ: Ca. 20 Prozent benötigen eine Erklärung zu Zahlen, Daten und Fakten.
- Wozu-Typ: Ca. 25 Prozent möchten um ihren zukünftigen persönlichen Nutzen wissen.
- Warum-Typ: Ca. 35 Prozent der Kunden holen wir mit den passenden WARUM-Infos ab.
- Wie-Typ: Ca. 20 Prozent brauchen Verständnis für das „Wie funktioniert es?".

Viele Unternehmen bieten Produkte und Dienstleistungen an, die gut dafür geeignet sind, sich bereits in einem Ersttermin zu verkaufen – sofern Sie mit dem Entscheider am Tisch sitzen. Andere dagegen bewegen sich in Branchen, in denen es um sehr hohe Investitionen geht. Hier ist es sogar typisch, dass mindestens ein Folgetermin vereinbart wird.

Davon ist abhängig, wie Sie das Ende Ihres Verkaufsgesprächs gestalten: Entweder nutzen Sie die Charts für den direkten Abschluss oder für die Vorbereitung des Folgetermins.

3.2 Flipcharts beim Abschluss

Wenn Sie in einem **Ersttermin** Ihre Lösung/Ihr Produkt präsentiert haben, gehen Sie einfach wieder zurück zu dem Chart, auf dem Sie die Anforderungen notiert haben, die Ihrem Kunden besonders wichtig sind. Dann besprechen Sie gemeinsam mit Ihrem Kunden, ob Ihr Produkt geeignet ist, die einzelnen Anforderungen zu erfüllen.

Mit jedem Punkt, den Sie positiv „abhaken", sind Sie dem Abschluss einen Schritt näher. Und das ist wichtig, denn ein zweiter Termin kostet Sie Zeit und Geld. Außerdem ist die positive Wirkung eines guten Verkaufsgesprächs bis zum nächsten Termin verblasst und es braucht wieder viel Energie, um sich zum Abschluss vorzuarbeiten.

Mit einer Frage wie „Liebe Frau Thielen, was spricht aus Ihrer Sicht **dafür**, dass wir zusammenarbeiten?" können Sie Ihren Kunden dann gedanklich schon in eine geschäftliche Zukunft und damit Richtung Auftrag führen, um anschließend die Abschlussfrage – siehe Kapitel Folgetermin – zu stellen.

Aus verschiedenen Gründen – wie den oben genannten – kann es sein, dass der Ersttermin nicht zum Abschluss führt.
Dann ist eines entscheidend, um im **Folgetermin** den Auftrag an Land zu ziehen:
Sie sind vorbereitet!

Holen Sie Ihren Kunden mit seinen eigenen Worten, Wünschen und Anforderungen ab... **auf dem Flipchart!**

Egal, ob Sie mit dem 4MAT-System arbeiten möchten oder nicht, es ist wichtig, dass Sie zu Beginn des Folgetermins noch einmal zusammenfassen:

1. Worum es geht.
2. Was die Anforderungen Ihres Kunden sind.
3. Wo sein „Schmerz", sein Problem oder worin konkret sein Vorteil/Mehrwert liegt.
4. Was er davon hat, wenn sein „Problem" gelöst ist/sein Vorteil real wird.

Diese Zusammenfassung geschieht interaktiv, indem Sie dafür sorgen, dass Ihr Kunde Sie nicht nur gedanklich, sondern auch verbal begleiten kann. Holen Sie sich bitte wie im Ersttermin die Zustimmung und Ergänzungen Ihres Kunden dazu ab.

Entweder nehmen Sie dafür das „Anforderungs-Chart" aus dem Ersttermin oder Sie haben ein neues Chart entwickelt, mit dem Sie im Gespräch weiterarbeiten. Nutzen Sie auch hier die buchstäbliche Augenhöhe, drücken Sie dem Kunden einen zweiten Stift in die Hand und laden Sie ihn ein, weitere Punkte zu ergänzen. Erst danach präsentieren Sie die Lösung: auf einem vorbereiteten Flipchart – beispielsweise übersichtlich mit dem 4MAT-System.

Ja, Sie investieren an dieser Stelle Zeit in die Vorbereitung – möglicherweise manchmal mehr, als wenn Sie Ihre PPT aufhübschen würden. Aber Sie haben mit einem vorbereiteten Flipchart eine Verkaufswaffe, die punktgenau auf die Wünsche Ihres Kunden abfeuert, das bringt Sie schneller an Ihr Verkaufsziel und darin liegt Ihre Zeitersparnis.

Unabhängig davon haben Sie immer noch die Möglichkeit, mit Beamer oder in Handouts auf Details einzugehen, dann aber auf Wunsch Ihres Kunden.

„Was halten Sie davon?", „Wie gefällt Ihnen das?" oder „Was meinen Sie?" sind Termini für den Part im Anschluss.
Entweder kommen jetzt die Einwände Ihres Kunden, die Sie in Ruhe und souverän behandeln, oder Sie haben an der Stelle Ihren Kunden bereits überzeugt, vielleicht sogar begeistert.
Dann ist jetzt Schluss mit „offenen Fragen", stellen Sie nun bitte die **Abschlussfrage** und holen sich das „JA" zum Geschäft ab:
„Dann sind wir beide im Geschäft?", „Dann setzen wir das genauso um?",

„Dann arbeiten wir ab jetzt zusammen?" …
„Prima, dann unterschreiben Sie bitte hier und es kann losgehen!"

Noch ein Hinweis:
Manchmal ergeben sich **Spontan-Termine.**

Vielleicht sind Sie gerade *kalt* unterwegs – beispielsweise im Gewerbegebiet – und marschieren in die Unternehmen hinein mit dem Ziel, einen persönlichen Termin zu vereinbaren, und der Entscheider bittet Sie, gleich dazubleiben.

Oder Sie sind vor Ort bei einem Bestandskunden, ein Geschäftspartner Ihres Kunden sitzt an dem Tag mit am Tisch und Sie schlittern in ein Verkaufsgespräch.

Oder ein Jahresgespräch bei einem langjährigen Kunden entwickelt sich aus der Situation heraus in ein Verkaufsgespräch zu einem neuen Produkt.

In diesem Fall ist es wichtig, dass Sie immer einen Bogen Flipchart-Papier bei sich tragen – gefaltet auf DIN A4 in Ihrer Verkäufermappe, und zumindest zwei Stifte (blau und rot), um eine Spontan-Show abliefern zu können.

4 E – Entwickeln

Als Verkaufsprofi müssen und sollen Sie kein Schrift- oder Zeichenprofi werden. Im Gegenteil: Ihre besondere Situation erfordert es, dass Sie schnell und schlicht einfache Skizzen erzeugen.

Im Folgenden haben Sie Gelegenheit, sich mit grundlegenden Aspekten dafür vertraut zu machen und gegebenenfalls einige Anfangs-Entscheidungen zu treffen, wie Sie selber Flipcharts zukünftig einsetzen wollen.

4.1 C.A.U.S.E.

Damit Ihr Flipchart Ihren Verkaufsprozess möglichst effizient unterstützt, sollte es fünf Grundkriterien erfüllen. Mit diesen fünf Kriterien steigern Sie nicht nur Ihren SALES-Appeal, sondern geben Ihrem Kunden mit Ihrem Flipchart einen **Grund**, Ihr Produkt zu kaufen: indem Sie Ihr Flipchart überzeugend, attraktiv, verständlich, einfach und entscheidend gestalten.

Als Merk-Formel greifen wir auf die englische Version für den „**Grund**" = „**cause**" zurück:

1. **C**onvincing = überzeugend
2. **A**ttractive = attraktiv
3. **U**nderstandable = verständlich
4. **S**imple = (sehr) einfach
5. **E**ssential = entscheidend

1. Convincing = überzeugend

   Leitfrage: Ist der Inhalt für den Kunden überzeugend?

   Das erste Kriterium ist natürlich das der Überzeugung: Wenn das, was Sie Ihrem Kunden anbieten und visuell festhalten oder mit ihm gemeinsam entwickeln, für ihn nicht überzeugend ist, wird es zu keinem Abschluss kommen.

   Visualisieren Sie also das, was zu des Kunden Überzeugung wirklich nötig ist:

   - Lösungen, die Sie für die schmerzhaften und teuren Probleme des Kunden anbieten, sowie
   - Wege und Produkte, mit deren Hilfe Ihr Kunde einen zusätzlichen, für ihn schmackhaften Gewinn erzielt.

2. Attractive = attraktiv

   Leitfrage: Ist das Chart schön anzuschauen?

   Die visuelle Unterstützung des Verkaufsgesprächs auf einem Flipchart ist deshalb so wirksam, weil damit die Visualisierung gehirngerecht und emotional ansprechend wird. Emotional ansprechend wird das Chart, wenn Sie es optisch attraktiv gestalten, es schön anzuschauen ist:

   - Proportionen und Struktur sind ansprechend.
   - Es gibt einen Rand.
   - Text und Bilder sind lesbar.
   - Symbole lockern auf und erklären bildlich.
   - Farben unterstützen und lenken die Aufmerksamkeit.

3. Understandable = (unmiss)verständlich

Leitfrage: Versteht der Kunde Inhalte und die Darstellungsform?

Das Thema Verständlichkeit umfasst sowohl die inhaltliche als auch die darstellerische Ebene: Im Verkaufsgespräch selber soll der Kunde natürlich verstehen, was Sie auf dem Chart visualisieren. Es nützt Ihnen nichts, wenn Sie eine One-Man- oder -Woman-Show ohne den direkten Kontakt zum Kunden oder ohne die Einbeziehung des Kunden veranstalten. Behalten Sie während des kompletten Prozesses Ihren Kunden im Blick und reagieren Sie darauf, wenn Sie sehen, dass Ihr Kunde Ihnen nicht folgen kann oder anderer Meinung ist.

Als zweiter Aspekt der Verständlichkeit gilt, dass Ihre Visualisierung auch dann noch rein optisch nachvollziehbar ist, wenn Sie selber das Büro schon verlassen haben.

Für die Verständlichkeit des Flipcharts ist es wichtig, dass Sie

- eine Überschrift auf das Flipchart schreiben,
- Symbole und Skizzen verwenden, um auch komplexe Zusammenhänge deutlich zu machen,
- leserlich schreiben,
- undeutliche Skizzen, die im dynamischen Prozess entstanden sind, gegebenenfalls um eine schriftliche Erklärung ergänzen sowie
- Farben strukturierend und unterstützend einsetzen.

4. Simple = (sehr) einfach

Leitfrage: Sind die Inhalte auf das Wesentliche reduziert und optisch möglichst einfach dargestellt?

Gestalten Sie das Flipchart möglichst einfach. Einfach heißt, für den Kunden gehirngerecht und attraktiv und für Sie leicht auf Papier zu bringen. Um ein Flipchart einfach zu halten,

- reduzieren Sie auf wesentliche Kernbegriffe und wichtige Zusammenhänge, anstatt mit Details zu überfrachten, und

- verwenden Sie Ihre Fachbegriffe oder fachspezifischen Abkürzungen nur dann, wenn Sie sicher sind, dass Ihr Kunde diese kennt, ansonsten bevorzugen Sie allgemeinverständliche Begriffe und schreiben die Erklärung für Abkürzungen mit auf das Chart,

- verwenden Sie die in diesem Buch dargestellten einfachen Verpackungen sowie 3-bis-4-Schritt-Symbole anstatt komplexer Zeichnungen.

5. Essential = entscheidend

   Leitfrage: Ist der Inhalt relevant für die Entscheidung des Kunden?

   Die auf Ihrem Flipchart visualisierten Inhalte sollen Ihrem Kunden helfen, eine Entscheidung für Sie und Ihr Produkt oder Ihre Dienstleistung zu treffen. Beachten Sie dafür folgende Aspekte:

   - Welche Daten sind wirklich wichtig und nötig für eine Entscheidung und welche können Sie eher weglassen?
   - Strukturieren Sie das Chart logisch von einer Problem- hin zu einer Zielsituation.
   - Bedenken werden erwähnt und entkräftet.
   - Der Gewinn für den Kunden ist deutlich zu erkennen und farblich hervorgehoben.

Praxisbeispiel „Seminar-Verkauf": Betrachten Sie dazu das Chart rechts: Dieses Chart ist in einem Seminar-Verkaufsgespräch entstanden. Die Überschrift steht in der Mitte und ist durch eine Wolke hervorgehoben. Die wesentlichen Aspekte, die dem Kunden im Training für seine Mitarbeiter wichtig sind, sind in Form von Mindmap-Ästen erfasst und durch einfache Symbole unterstützt. Der Kunde sieht alles Wichtige auf einen Blick und entscheidet sich auf der Stelle für das Seminar.

Mit diesen fünf Aspekten machen Sie Ihr Flipchart nicht nur zu einer Visitenkarte, sondern sogar zu einer **Flipsitenkarte**.

4.2 Material: Pflicht und Kür

Viele der Besprechungsräume oder Büros, in denen wir verkaufen, verfügen nicht über die für uns passenden Stifte. Aus dieser Erfahrung heraus tragen wir unser Material immer bei uns, und das empfehlen wir auch Ihnen!

Wenn Sie das Flipchart zu einem wichtigen Medium in Ihrem Verkaufsprozess machen wollen, müssen Sie immer das richtige Material zur Hand haben. Mit folgenden Werkzeugen sind Sie grundlegend – Pflicht – oder umfassend – Kür – gewappnet:

Pflicht

- Flipchart-Papier – 80 Gramm, kariert
- Flipchart-Stift mit schräger Spitze (Keilspitze) in den Farben Schwarz, Blau, Rot und Grün (gut funktionierend)
- Material zur Befestigung des Papiers

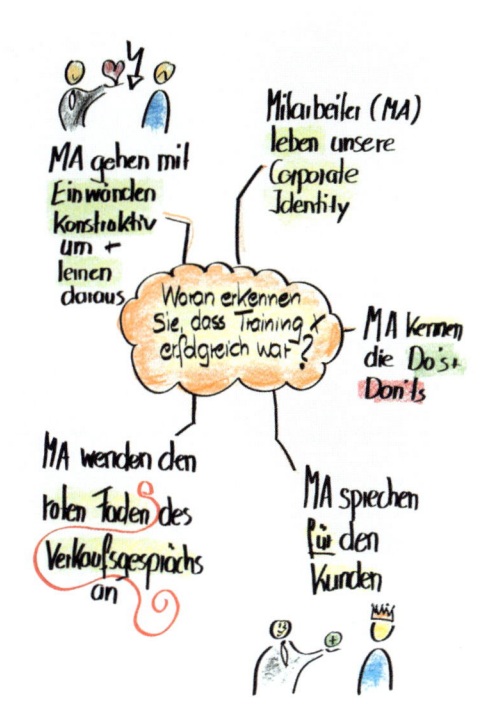

Kür

- Flipchart-Stift in Ihrer Firmenfarbe
- Flipchart-Stift in der Firmenfarbe des Kunden
- Wachsmalblöcke zur schnellen, abschließenden Colorierung des Flipcharts

Papier

Tragen Sie immer einige Blatt Flipchart-Papier bei sich. Auf diese Weise haben Sie das Papier auf jeden Fall zur Hand, wenn Sie es nutzen möchten. Sie können selber entscheiden, welche Art von Papier Sie verwenden, und das Papier gegebenenfalls mit Ihrem Firmenlogo präparieren.

Wir empfehlen kariertes, weißes 80-Gramm-Papier. Die Farbe wirkt elegant und die Karos geben Ihnen eine Orientierung für Ihre Schrift und die Zeichnungen.

Beschriften Sie die unbedruckte weiße Seite, nicht die karierte!

Der Gesamteindruck Ihrer Visualisierung sieht deutlich professioneller aus, wenn Sie den weißen Hintergrund verwenden. Zur Orientierung der Strichführung sehen Sie die Karos immer noch durchscheinen, so dass Sie sowohl die Vorteile der weißen Seite für den optischen Eindruck, als auch den Vorteil der Karos für die Erstellung der Visualisierung für sich nutzen können.

Da Sie das Flipchart dem Kunden überlassen werden, können Sie die **Flipsitenkarte** ganz bewusst nutzen. Welche Informationen über Sie, Ihr Produkt, Ihre Firma möchten Sie dem Kunden auf dem Flipchart mitgeben:

- Ihren Namen?
- Ihre Rufnummer?
- Das Logo?

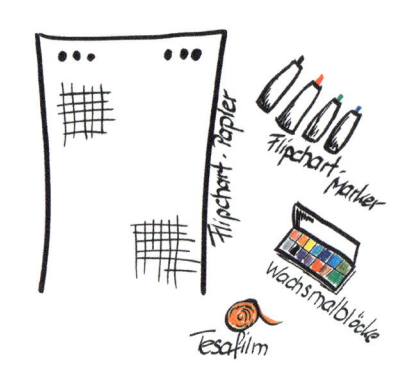

- Den Firmennamen?
- Die Website?

Sie haben vier Möglichkeiten, diese Informationen auf das Papier zu bringen:

1. *Im Gespräch selber schreiben/zeichnen*

   Am schnellsten geht es, wenn Sie am Ende des Gesprächs Ihre vorausgewählten Informationen auf das Flipchart schreiben.

   Ganz ohne Vorbereitung geht es allerdings auch hier nicht: Oft genug ist der Schriftzug des Verkäufers zu klein und dadurch nicht lesbar oder das Papier „plötzlich schon zu Ende", der Firmenname aber erst halb ausgeschrieben.

   Üben Sie vorher, Ihr Logo schnell und leserlich zu zeichnen. Prüfen Sie, wo Sie mit dem Schreiben beginnen müssen, damit der komplette Schriftzug auf das Papier passt.

2. *Im Vorfeld beschriften*

   Beschriften Sie die Flipcharts handschriftlich im Vorfeld (oder lassen Sie sie beschriften). Somit stellen Sie sicher, dass Ihre Signatur auf jeden Fall vorhanden ist. Zudem zeigt die Erfahrung, dass Sie im Vorfeld deutlich ruhiger und lesbarer schreiben als direkt vor Kunden.

3. *Aufkleber*

   Als aufwändigere Variante lassen Sie sich einen Aufkleber mit diesen wesentlichen Informationen erstellen, der in Größe und Lesbarkeit extra auf das Flipchart ausgerichtet ist.

   Einmal erstellt, wird es einfach: Kleben Sie ihn im Vorfeld auf immer die gleiche Stelle der leeren Flipcharts, und im Verkaufsgespräch selbst brauchen Sie sich keine Gedanken mehr darüber zu machen.

4. Drucken lassen

Einige Druckereien bieten den Druck von individualisierten Flipcharts. Prüfen Sie, ob sich das für Sie finanziell lohnt.

Achtung: Die Informationen auf 2 bis 4 Meter sichtbar halten. Dazu benötigen sie etwa eine Größe von 20 cm x 10 cm.

Die Flipcharts können Sie entweder zusammengefaltet in der Aktentasche oder in einem Flipchart-Köcher transportieren. In der Aktentasche ist das Papier für den Kunden vorerst unsichtbar und Sie holen es nur bei Bedarf hervor; der Vorteil ist, dass Sie immer Papier dabei haben. Wenn Sie viel und gerne mit Flipcharts arbeiten, bietet ein Flipchart-Köcher die Option, gleich mehrere Charts dabei zu haben, die Sie einfach im Auto lagern können.

In beiden Fällen haben Sie die Möglichkeit, ein Flipchart zu kreieren, das bestenfalls noch wochenlang als Verkaufsanker an der Wand im Kunden-Büro hängen bleibt und Ihnen als Flipsitenkarte dient.

Stifte – Flipchart-Marker

Die Stifte sind Ihr wesentliches Handwerkszeug und Sie sollten sie IMMER mit dabei haben, da die Qualität der Stifte entscheidend ist für das Schriftbild. Im Laden finden Sie sie unter dem Namen Flipchart-Marker.

Es gibt Flipchart-Marker mit runder Spitze und mit (schräger) Keilspitze

Bitte verwenden Sie ausschließlich die Flipchart-Marker mit der Keilspitze!

Die Rundspitze ist zu dünn und erzeugt nicht genug Fernwirkung. Mit der Keilspitze können Sie ein sattes Schriftbild erzeugen, das sowohl deutlich lesbar, als auch auf 2 bis 4 Meter Entfernung noch gut erkennbar ist.

Sorgen Sie dafür, dass Ihre Stifte immer genügend Tinte enthalten.

In der Praxis werden Sie feststellen, dass es eine Psychologie des Schriftbildes gibt:

- Halb leere oder zu dünne Stifte erzeugen ein Schriftbild, das unsicher, nicht souverän und inhaltlich weniger verständlich und überzeugend wirkt. Tipp: Es gibt nachfüllbare Stifte, das schont die Umwelt und das Portemonnaie.

- Gut gefüllte Stifte, richtig geführt, führen zu einem prägnanten, aussagekräftigen, souveränen und glaubwürdigen Schriftbild. Zudem fällt das Schreiben und Zeichnen mit einem vollen Stift leichter.

Natürlich hat das nichts mit Ihrer echten Kompetenz als Verkäufer zu tun, aber ähnlich wie Ihr Erscheinungsbild einen ersten Eindruck beim Kunden erzeugt, so schafft auch Ihr Schriftbild eine Wirkung, die Sie *für sich* nutzen können.

Zur Handhabung der Stifte lesen Sie weiter unter 4.3 „Leserlich schreiben".

Material zur Befestigung des Papiers

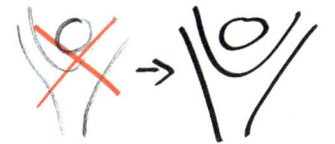

Seine volle optische und aktivierende Wirkung entfaltet ein Flipchart, wenn es hängt: Es lässt sich auf eine Entfernung von einigen Metern noch gut sehen, so dass Sie auch mehrere Personen mit einbeziehen können. Vor dem hängenden Chart können Sie mit Ihrem Kunden stehend gemeinsam aktiv Lösungen entwickeln. Bitten Sie Ihren Kunden also bestmöglich im Vorfeld, einen Flipchart-Ständer im Besprechungsraum bereitzustellen. Wenn das nicht möglich ist, schaffen Sie andere Lösungen:

- Bitten Sie Ihren Kunden um Tesafilm, um das Chart an die Tür oder eine Wand zu hängen. Durch die Aktion des Kunden initiieren Sie zudem ein partnerschaftliches Geben und Nehmen, was die Arbeit auf Augenhöhe unterstützt.
- Für alle Fälle: Haben Sie selber Tesafilm in der Tasche, falls der Kunde keine andere Lösung hat.
- Zwei kleine und leicht zu verstauende Kleiderhaken (z. B. bei IKEA erhältlich), mit zwei Handgriffen an der Tür des Besprechungsraums befestigt, können ebenfalls als transportabler Flipchart-Ständer dienen.

Als Alternativen gibt es selbsthaftendes Flipchart-Papier, das Sie einfach an die Wand pappen können, sowie Flipchart-Tischaufsteller, etwas kleiner im Format. Vielleicht möchten Sie hiermit experimentieren.

Flipchart-Marker in Firmenfarbe

Ist Ihre Firmenfarbe keine der vier Grundfarben Schwarz, Blau, Rot oder Grün, lohnt es sich, hierfür einen eigenen Flipchart-Marker mitzuführen. Alle Aspekte, bei denen Ihr Unternehmen ins Spiel kommt, führen Sie in Ihrer Farbe aus. Damit hinterlassen Sie einen visuellen Anker auf dem Flipchart, der sich zukünftig auch im peripheren Blick Ihrem Kunden einprägt.

Bauen Sie zusätzlich eine starke Brücke zum Kunden: Wenn Sie seine Unternehmensfarbe auf dem Chart verwenden, drückt das Wertschätzung aus und Ihr Kunde findet „sich" auf dem Chart wieder.

Wachsmalblöcke

Mit Wachsmalblöcken hauchen Sie Ihrem Chart Leben ein, Sie unterstreichen die Aussagen auf Ihrem Chart, geben Struktur und dem Chart einen Hingucker! Die Wachsmalblöcke eignen sich besonders, weil ihre Farbe schnell und sauber aufzutragen ist. Sie haben eine hohe Wirkung und sind doch dezent genug, um im B2B-Kontext seriös zu wirken. Zudem sind sie ausgesprochen flexibel: Ein einziger Block verfügt über vier verschiedene Strichdicken, so dass Sie damit sowohl einen filigranen Strich als auch eine breite Hervorhebung oder eine flächendeckende Colorierung erzeugen können.

4.3 Leserlich schreiben

Falls Ihre Handschrift Sie bisher daran gehindert hat, vor Kunden selber etwas zu schreiben: Egal, legen Sie einfach los mit FlipchartSALES! Stehen Sie auf und schreiben Sie, starten Sie gleich, auch un-perfekt, Ihr Kunde wird Ihnen in jedem Fall für die gemeinsamen Entwicklungen danken. Starten Sie und sammeln Sie Ihre ersten Erfahrungen, der Feinschliff kommt später.

Wenn Sie besser werden wollen, lohnt es sich, Zeit in eine gut lesbare Handschrift zu investieren, denn eine **gut lesbare Handschrift ist gehirngerecht** und macht es Ihren Infos leicht, sich in der Erinnerung Ihres Kunden zu verankern. Zudem wird Ihr Flipchart durch eine gut lesbare Handschrift immer mehr zu Ihrer Flipsitenkarte. Setzen Sie diese einfachen fünf Aspekte um:

1. *Breite Stiftspitze auf das Papier*

   Für ein gut lesbares Schriftbild ist es wichtig, dass Sie die ganze, breite Seite auf das Papier auflegen. In dieser Grundposition halten Sie den Stift die ganze Zeit.

2. Einfache Blockschrift

Gewöhnen Sie sich eine einfache Blockschrift an, die fast ausschließlich aus geraden Linien, Halbkreisen und Kreisen besteht.

3. Keine Füßli

Als „Füßli" bezeichnen wir die kleinen Schnörkel und Häkchen in der normalen Handschrift, die keine weitere Aussagekraft haben. Sie machen das Bild unruhig und kosten Platz. Aus unserer Erfahrung sind Sie auf einem Flipchart überflüssig und sogar störend.
Tipp: Lassen Sie sie einfach weg und verwenden Sie nur die geraden Striche und schnörkelfreien Halb-/Kreise.

4. Buchstaben dicht beieinander

Schreiben Sie die Buchstaben dicht aneinander. Das Gehirn erfasst ganze Wörter oder Sätze und benötigt dafür ausschließlich den Abstand zwischen den Wörtern. So erleichtern Sie das Lesen und bekommen mehr Text auf die Seite.

5. Für die Größe die 1-2-3-Faustformel beachten

Kleinbuchstaben = 1 Kästchen hoch

Großbuchstaben = 2 Kästchen hoch

Überschrift = 3 Kästchen hoch

Varianten

Auf Basis dieser fünf Aspekte können Sie vier Varianten nutzen:

1. *Die saubere Variante* = Stift auf 8 Uhr

   Bei dieser Schrift schreiben Sie sehr akkurat und mit kräftiger Strichführung.
   Tipp: Breite Seite auf das Papier + Spitze nach links unten, auf „8 Uhr".

2. *Die schnelle Variante* = Stift auf 10 oder 2 Uhr

   Bei dieser Schrift können Sie schnelle Striche fließender zeichnen.
   Tipp: Breite Seite auf das Papier + Spitze nach links oder rechts oben, auf „10 Uhr" oder „2 Uhr" (irgendwie hervorheben).

3. *Die dünne Variante* = mit der Spitze schreiben

   Diese Variante eignet sich, wenn Sie klein etwas an den Rand fügen möchten.
   Tipp: Spitze auf das Papier und nur mit der Spitze schreiben.

4. *Schnellschreiben für Bequeme* = Großbuchstaben

   Einigen Verkäufern, die auch nach Übung Schwierigkeiten mit einer lesbaren Flipchart-Handschrift haben, fällt es leichter, ausschließlich mit Großbuchstaben zu schreiben. Wir empfehlen diese Variante nicht gerne, weil es leichter fällt, Wörter mit Groß- und Kleinbuchstaben zu lesen. Als „Notlösung" ist es aber ein gangbarer Weg.
   Tipp: Stifthaltung von Variante 1 bis 3 sind möglich + ausschließlich Großbuchstaben.

In unseren Beispielen auf den nächsten Seiten finden Sie zwei Schriftarten, wobei die eine mehr der Normschrift entspricht als die andere. Wie Sie sehen, ist auch die zweite immer noch gut lesbar. Definieren Sie also Ihren eigenen Standard.

a = c + ɑ   b = l + ɔc   e = ↙ + c   k = l + ʞ

n = ɪ + ɲ   g = c + ɟ   r = ɪ + ʳ   u = ɪ + ʟ

abcdefghijklmno
pqrstuvwxyzß

ABCDEFGHI
JKLMNOPQ
RSTUVWXYZ

Dies ist Variante 1

Dies ist Variante 2

Dies ist Variante 3

DIES IST VARIANTE 4

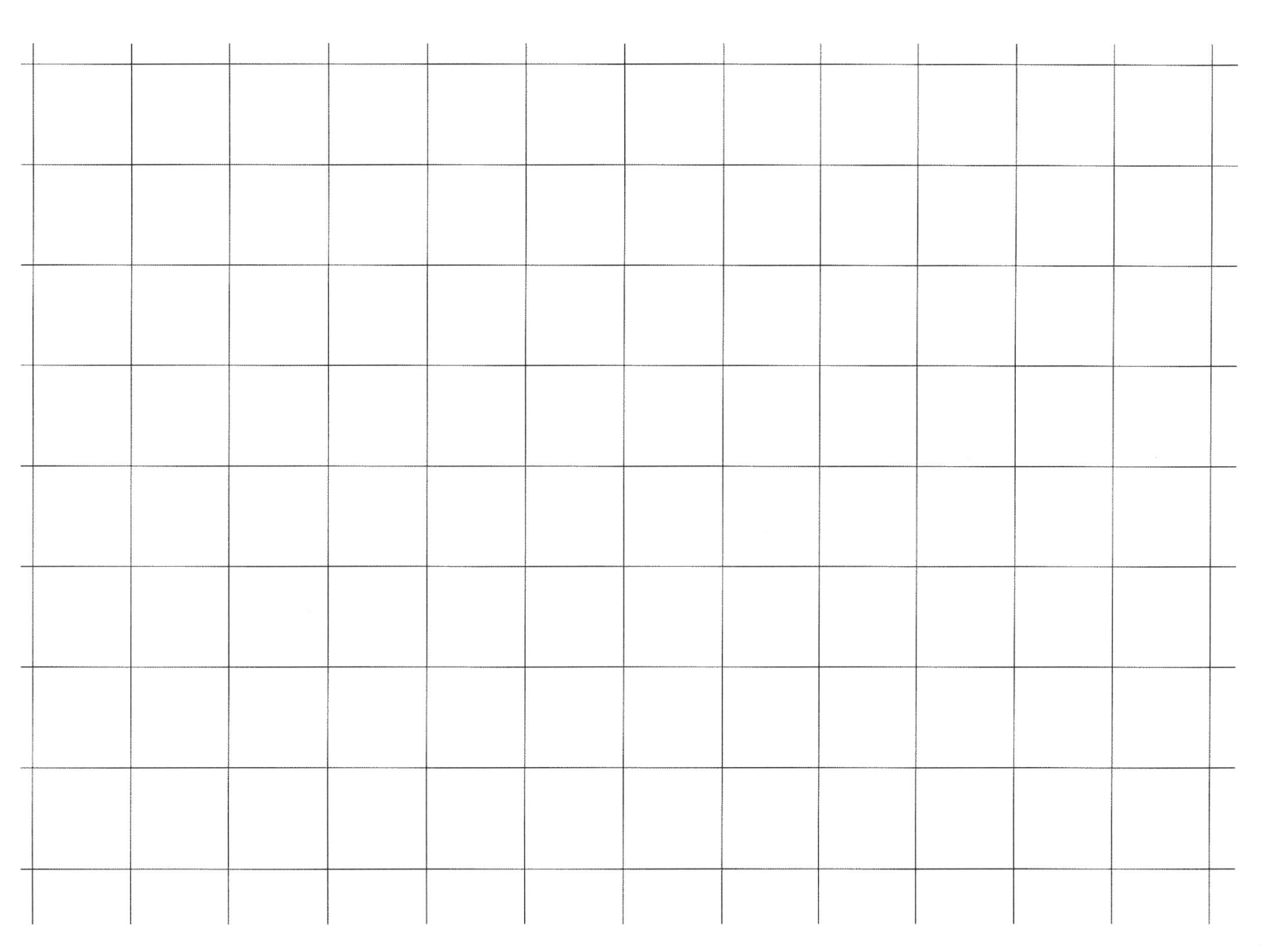

Probieren Sie selber aus, bekommen Sie ein Gefühl dafür und entwickeln Sie Ihren eigenen Stil. Sie werden überrascht sein, wie schnell das geht: Die meisten Personen beherrschen diese Schrift schon nach wenigen Minuten Übung.

Und ganz entspannt bleiben: Schrift mit/vor dem Kunden geschrieben, ist immer undeutlicher als vorbereiteter Text. Macht nichts, Hauptsache, es bleibt lesbar!

So wie eine klare Aussprache im Verkauf für Sie selbstverständlich ist, so kann es auch eine gut lesbare Handschrift werden. Wenn Sie sich für die Visualisierung per Flipchart entscheiden, gilt:

Eine gut lesbare Handschrift ist eine gut lesbare Handschrift.

4.4 Einfach zeichnen

Sie haben ja schon, vielleicht mit einem Schmunzeln, im „Eignungstest" zu Beginn des Buches festgestellt, dass Sie in der Lage sind, Grundformen wie ein Rechteck, einen Kreis oder ein Dreieck zu zeichnen. Dann bekommen Sie bestimmt auch noch einen Pfeil, einen Strich und eine Wolke hin, oder?

Aus unserer Erfahrung behaupten ca. 90 Prozent aller Verkäuferinnen und Verkäufer von sich, nicht zeichnen zu können, und machen deshalb einen großen Bogen um das Flipchart. Falls Sie sich nun fragen, was diese einfachen Formen mit der Eignung, dieses Buch zu lesen, oder mit der Flipchart-Gestaltung zu tun haben, so ist die Antwort ganz einfach:

Wenn Sie die Grundformen erfolgreich, heißt: auch für einen Unbeteiligten erkennbar, gezeichnet haben, können Sie alles, um als Verkäufer auf einem Flipchart zeichnen zu können!! Die gute Nachricht lautet also:

Zeichnen ist einfach und Sie können es auch.

Für Sie als Verkäufer geht es nicht darum, dass Sie zum Künstler werden, das Ziel ist ausschließlich, dass Sie verständliche, erkennbare und überzeugende Ergebnisse produzieren und das lässt sich leicht in vier Schritten mit der **VART–Formel** lernen (Vorlagen suchen – Analysieren der Grundfomen – Reihenfolge festlegen – Trainieren):

1. *Vorlagen suchen*

   Frei Hand zu zeichnen ist eine der größten Herausforderungen beim Zeichnen. Unser Tipp ist es, ganz entspannt auf schon bestehende Symbole zurückzugreifen und diese zu verwenden, z. B. die, die wir hier im Buch anbieten. Verwenden Sie dabei möglichst einfache Symbole, bei denen Sie auf den ersten Blick erkennen, dass sie aus den Grundformen zusammengesetzt sind und dass Sie diese in drei bis vier Strichen nachzeichnen können.

2. *Analysieren der Grundformen*

   Analysieren Sie diese Symbole: Aus welchen Grundformen sind sie zusammengesetzt? Wo finden Sie ein Rechteck, einen Kreis, ein Dreieck, eine Linie oder eine Wolke? Wie viele Grundformen gibt es insgesamt? Eine Auswahl an Symbolen finden Sie im hinteren Teil dieses Buches, so dass Sie gleich loslegen können.

3. *Reihenfolge festlegen*

   In welcher Reihenfolge wollen Sie die Striche zeichnen? Das sollte aus zwei Gründen nicht beliebig sein: Wenn Sie sich angewöhnen, die Striche immer in der gleichen Reihenfolge zu zeichnen, können Sie diese sehr schnell lernen und immer gleich fix reproduzieren.

Zudem gibt es einige Symbole, die Dreidimensionalität darstellen. Bei diesen ist entscheidend, welche Striche im Vordergrund sind und welche im Hintergrund. Wenn Sie sich die Reihenfolge einmal eingeprägt haben, brauchen Sie künftig nicht mehr darüber nachzudenken. Sie werden schnell und selbstsicher Ihre persönlichen Symbole herzaubern können.

4. Trainieren

Bekanntlich ist noch kein Künstler vom Himmel gefallen, und das gilt auch für das Zeichnen einfacher Symbole: Trainieren Sie die Symbole Ihrer Wahl, indem Sie diese nicht nur 1 bis 2 mal, sondern 5 bis 20 mal nachzeichnen, bis sie Ihnen aus dem Handgelenk „fließen". Ab jetzt befindet sich dieses neue Symbol in Ihrem Werkzeugkoffer und kann Sie die nächsten Jahre erfolgreich begleiten.

Aufbau einer persönlichen visuellen Toolbox

Entwickeln Sie für sich in Ihrem Tempo einen visuellen Bildbaukasten, eine Toolbox, in der genau die Symbole enthalten sind, die für Sie passen. Vermutlich werden Sie dort Bilder aus drei Bereichen einfügen:

(1) Symbole, die Sie möglichst allgemeingültig in verschiedenen Kontexten einsetzen können, (2) fachspezifische für Ihre Expertise, Ihre Dienstleistung oder Ihr Produkt und (3) persönliche, die Sie besonders mögen und die Ihren speziellen Stil ausdrücken.

Wie bei jedem Werkzeugkoffer können Sie auch Ihre visuelle Toolbox mit einer Basisausstattung beginnen und im Laufe der Zeit ergänzen. **Beginnen sie mit 2 bis 5 Symbolen**, die Sie für sich als besonders nützlich erachten, und üben Sie diese mehrfach. Suchen Sie vor Ihrem nächsten Kundentermin ein zusätzliches, für Sie passendes Symbol aus diesem Buch, üben Sie es 5 mal und wenden Sie es gleich an. So füllen Sie Ihre Toolbox ganz nebenher, ohne dass es Sie Zeit kostet.

Die Toolbox erweitert Ihr verkäuferisches Handwerkszeug langfristig und eröffnet neue Optionen.

Symbole zeichnen in 3 bis 4 Schritten

Auf einem weißen Blatt kreativ zu sein, ist sehr schwierig. Aus diesem Grund wiederholen wir unsere zwei Grundempfehlungen beim Zeichnen:

1. Suchen Sie sich fertige Vorlagen. Diese können Sie direkt abzeichnen, anstatt selbst kreativ zu werden.

2. Beschränken Sie sich auf einfache Zeichnungen. Wir zeichnen unsere Symbole so einfach wie möglich. Wenn irgendwie möglich, bündeln wir die Aussage in 3 bis 4 Strichen. Einfache Symbole lassen sich schnell zeichnen und schnell merken. Wie das konkret aussehen kann, zeigen die beiden Motive auf der nächsten Seite sowie verschiedene Motive im Anhang bei den Übungen.

4 E – Entwickeln

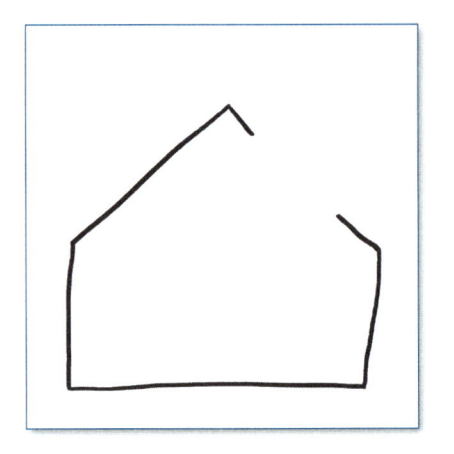

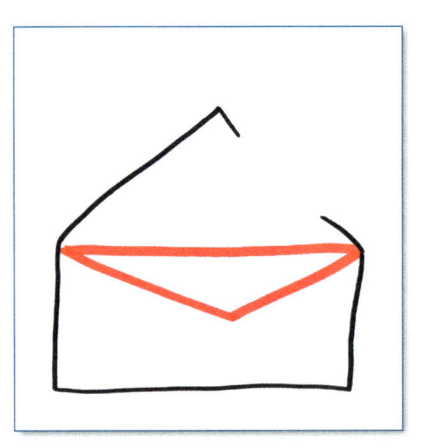

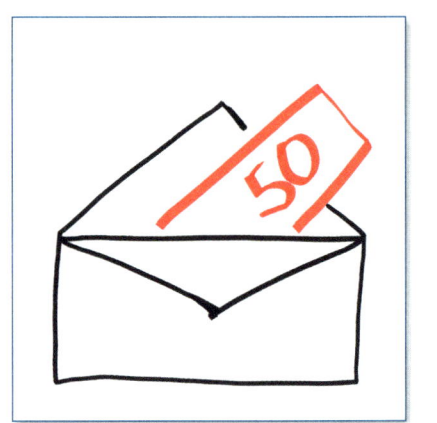

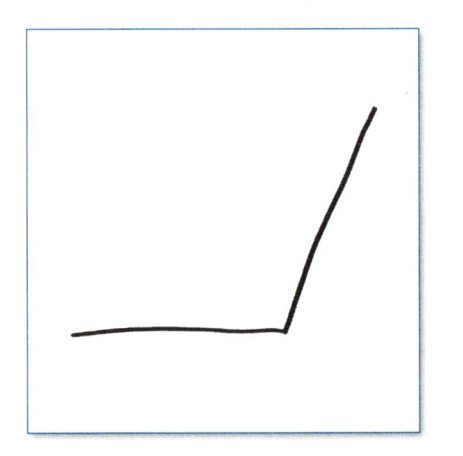

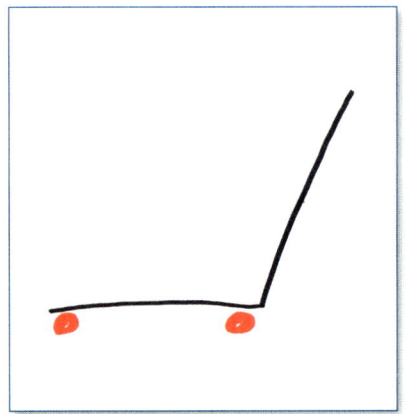

Visuelle Verpackung (ViVe)

Die Visuelle Verpackung, wir sprechen hier kurz von ViVe, ist die einfachste und schnellste Form, um Ihrem Flipchart Struktur und Prägnanz zu geben. Unter visuellen Verpackungen verstehen wir alle Formen, die einer Informationseinheit einen optischen Rahmen geben. Das kann eine Umrandung der Überschrift sein, eine Transportbox für einen Nutzen, den Sie dem Kunden anbieten, oder eine beliebige „Fassung" für ein Informationsjuwel, das Sie vermitteln möchten.

Das rechts gezeigte Praxisbeispiel ist entstanden, als es um die Ausstattung einer Fahrzeugflotte ging. Die Anforderungen haben wir gemeinsam mit dem Kunden gesammelt und in Form von ViVes aufbereitet. Zudem erkennen Sie oben links in Rot das Datum zur Auftragsklärung und unten rechts in Grün das Datum der Auftragserfüllung, es ist also eine grobe Zeitlinie auf dem Chart eingebaut. In diesem Beispiel finden Sie mehrere Elemente, mit denen Sie Informationen verpacken können. Ihr inzwischen geschultes Auge sieht natürlich sofort, welche Grundformen sich in den Verpackungen verbergen: Die ViVes bestehen zum Teil aus den ganz schlichten Grundformen, wie einem Rechteck, einem Oval oder einem Pfeil. Oftmals reicht schon eine ViVe für die Überschrift, um dem Chart mehr Charakter zu geben. Im Kapitel „Symbole ViVe" finden Sie eine Fülle an Vorlagen, die Ihnen bei der Gestaltung Ihrer Charts helfen können.

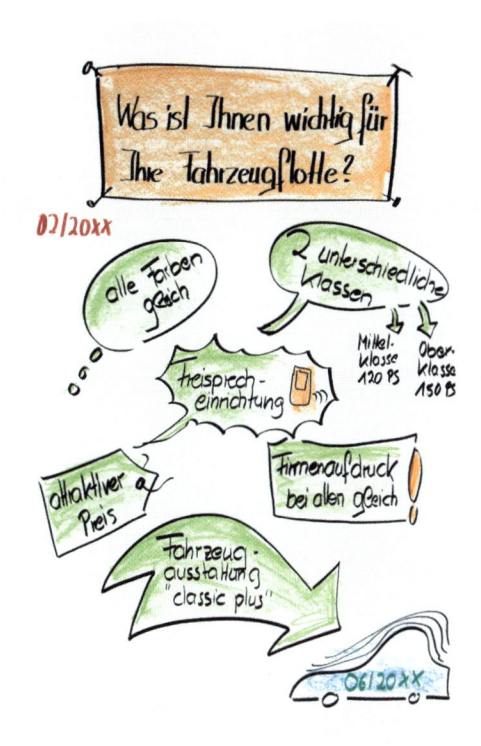

Farbe

Verwenden Sie aktiv alle vier Standardfarben Schwarz, Blau, Rot, Grün, in denen Sie Flipchart-Marker leicht erhalten. Mit Farben bringen Sie Ihrem

Kunden auf einer tiefen emotionalen Ebene Botschaften nahe. Mit Grün beispielsweise werden die Vorteile für Ihren Kunden leuchtender, mit dieser Farbe (oder auch mit Gelb) springt der mögliche Gewinn dem Kunden ein Stück mehr ins Auge. Mit Rot tun seine Verluste mehr weh.

Allerdings: Farben sollten auf keinen Fall beliebig verwendet werden! Um klare und überzeugende Botschaften zu platzieren, **setzen Sie Ihre Farben bitte zielgerichtet ein**. Definieren Sie für sich, welche Farbe Sie für welche Botschaft verwenden, und halten Sie das auf allen Ihren Charts einheitlich durch: Dann erfasst Ihr Kunde auf den ersten Blick, welche Farbe wofür steht.

Farbe	Anwendungsgebiete	Mein persönliches Einsatzgebiet
Schwarz	Schwarz ist die kontrastreichste und schlichteste Farbe. Sie ist Ihr Hauptwerkzeug: Hiermit schreiben Sie alle Texte und zeichnen alle Symbole. Alle anderen Farben verwenden Sie nur für aussagekräftige Hervorhebungen.	
Blau	Blau ist eine seriöse, klare Farbe, die Weite und Ruhe darstellen kann.	
	Blau können Sie als Grundfarbe ersatzweise für Schwarz verwenden, wenn Ihnen diese Farbe besser passt. Die Farbe ist nicht so kontrastreich, wodurch sie weicher und vermittelnder wirkt.	
	Ergänzend zu Schwarz als Grundfarbe können Sie Blau als relativ neutrale Hinweis-Farbe verwenden, z. B.: „Hier ist noch zu beachten …".	
	Ergänzende Verantwortlichkeiten können Sie neben das Schwarz in Blau an den Rand schreiben.	

	Weiterhin besteht die Option, Blau für Zeichnungen zu verwenden, und damit den Unterschied zwischen Schrift und Symbolen optisch zu verstärken.
Rot	Rot ist eine kraft-, energievolle und emotionale Farbe.
	Als Signalfarbe steht sie einerseits für:
	Nachteil
	Gefahr
	Stopp
	Achtung
	das Problem des Kunden
	Misserfolg
	Andererseits erzeugt Rot positive Wirkungen wie:
	wesentlicher Aspekt
	Hervorhebung
	Emotionalität
	Power
Grün	Grün ist eine harmonische Farbe, die in unserem kulturellen Umfeld eher positive Assoziationen auslöst.
	Sie symbolisiert:
	Vorteil
	Gewinn
	Erfolg
	„gut so", „weiter so"
	Leben
	Natur
Ihre Firmenfarbe	… bringt Sie und Ihre Firma auf das Papier für:
	Lösungen und Lösungswege
	Unterschrift
	Aufzählungssymbole
	To-dos für Sie

Die Firmenfarbe Ihres Kunden	… ist für Ihren Kunden die Farbe, mit der er sich identifiziert. Er findet sich und sein Unternehmen auf dem Chart wieder und merkt, dass Sie sich ganz individuell an ihn wenden. Stellen Sie folgendes damit dar:
	
	    Seine Firma
	    Seine Struktur
	    To-dos für den Kunden

Ampelsystem	Auch das Ampelsystem können Sie verwenden: Nutzen Sie die drei Farben der Verkehrsampel Grün, Gelb und Rot zur Bewertung von Produkten, Ideen, Prozessen. Rot heißt „Stopp" oder „Geht nicht", Gelb „Vorsicht" oder „Fahr schon mal langsam", Grün „Freie Fahrt". So sieht Ihr Kunde auf einen Blick, an welchen Stellen für ihn der Nutzen liegt und wo sich Baustellen oder Gefahrenquellen befinden. Verwenden Sie dabei für „Gelb" ein dunkles Gelb oder helles Orange, damit diese Farbe genügend Kontrast aufweist.

Nehmen Sie sich nun 5 Minuten Zeit, greifen Sie zu einem Stift und definieren Sie gleich hier in dieser Tabelle für Ihre konkrete Praxis, welche Farbe Sie für welchen Zweck einsetzen werden.

Colorierung mit Wachsmalblöcken

Die besondere Kunst der Farbgebung liegt darüber hinaus in der Colorierung mit Wachsmalblöcken. Zuzüglich zu den Grundfarben der Flipchart-Marker können Sie mit den Wachsmalblöcken zum Abschluss der Erstellung Ihrem

Flipchart quasi „Leben einhauchen". Anders als die Flipchart-Marker geben die Wachsmalstifte keinen eigenen blickdichten Strich, sondern sie legen einen leichten Farbhauch über die Schrift. Tragen Sie großflächig Farbe auf die Überschrift, wesentliche ViVes oder heben Sie besondere Akzente mit wenigen Strichen hervor. Die Wirkung ist verblüffend und technisch zudem ausgesprochen schnell realisierbar.

Bitte vergleichen Sie die nebenstehenden Charts und entscheiden Sie für sich, welchen Unterschied die Farbgebung für Sie macht. Zu Ihrer Info: Die Colorierung hat weniger als 2 Minuten benötigt.

In diesem Praxisbeispiel geht es um die Implementierung eines Produkts im Kundenbetrieb. Die einzelnen Schritte sind durch schlichte ViVe gekennzeichnet, die Pfeile verbinden die ViVe und machen den Ablauf bzw. optionale Korrekturschleifen nötig. In Rot ist jeweils pro ViVe ein Datum notiert. Eingefasst wird dieser Prozess durch einen Startpunkt sowie ein Ziel mit definiertem Kriterium – fertig ist die Grobplanung.

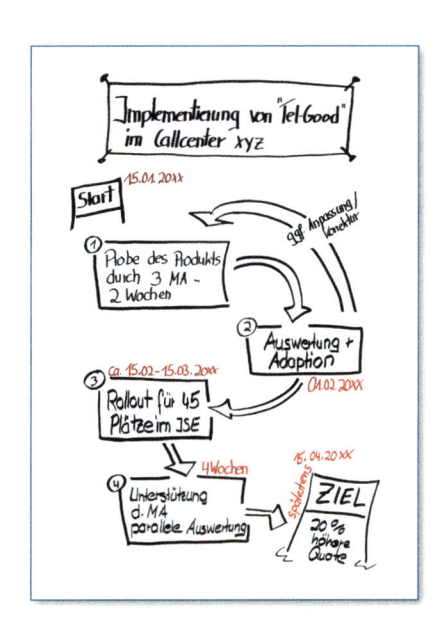

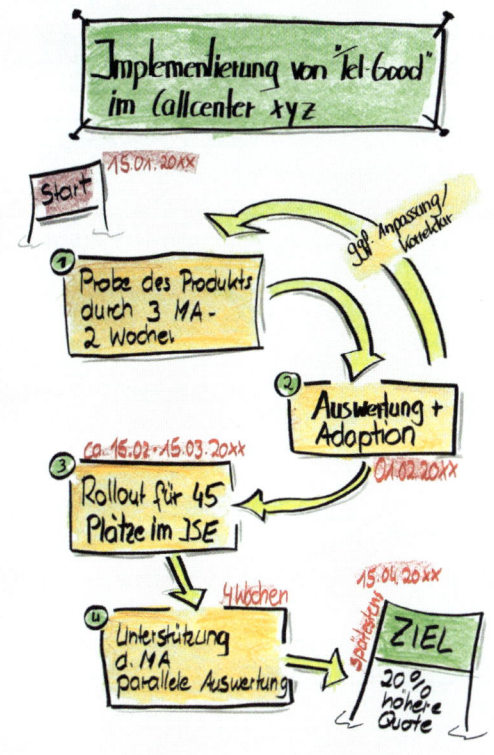

Schatteneffekte

Eine weitere Möglichkeit, mit wenig Aufwand den Wirkungsgrad Ihres Flipcharts zu erhöhen, ist das Hinzufügen von Schatteneffekten. Dafür gibt es drei ganze einfache Möglichkeiten, deren Geschwindigkeit Sie erstaunen wird:

1. *„Krüsselige" Linien*
   Zeichnen Sie mit der Spitze Ihres Flipchart-Markers oder des Wachsmalblocks schnelle kurze Linien an die Seite des Gegenstandes, dem Sie diesen Effekt geben wollen.

2. *Dunklere Farbe*
   Wenn Sie einen Gegenstand mit Wachsmalblöcken colorieren, können Sie an einer Seite oder in einer Biegung mehr Farbe erzeugen, indem Sie den Block kräftiger aufdrücken oder eine dunklere Farbnuance nehmen.

3. *Schattenstifte*
   Mittelgraue Flipchart-Marker setzen als „Schattenstifte" interessante Impulse. Zeichnen Sie mit diesen die Außen- oder Innenkanten der Flipchart-Marker-Linien nach, und voilà: ein Strich – ein tolles Ergebnis!

Mimik

Die aktuelle Gehirnforschung weiß heute, dass Emotionen bei jeder Entscheidung, die wir Menschen treffen, beteiligt sind. Entscheidungen, damit auch Kaufentscheidungen haben immer einen emotionalen Anteil. Emotionen spielen damit auch im Verkauf eine große Rolle. Eine leichte und wirksame Möglichkeit, Gefühle visuell darzustellen, ist per Mimik. Das Lachen oder Weinen eines menschlichen Gesichts spricht unmittelbar die Spiegelneuronen (Anmerkung: Spiegelneuronen sind Nervenzellen im Gehirn, die beim

Betrachten eines Vorgangs das gleiche Aktivitätsmuster aufweisen, als wären wir an einem Vorgang nicht nur passiv, sondern aktiv beteiligt) in unserem Gehirn an und lässt uns eine emotionale Beziehung zu diesem Gesicht aufbauen – auch, wenn das Gesicht nur gezeichnet ist.

Als ein Hinweis dafür mag der beachtliche Erfolg von Comicfilmen genannt sein, in denen neben Menschen auch Tiere, Autos oder sogar Müllroboter die gezeichnete Hauptrolle spielen. Solche Filme stehen durchaus auch bei Erwachsenen hoch im Kurs und können hohe Gewinne einspielen.

Punkt, Punkt, Komma, Strich – das ist eine Formel, die vermutlich jeder schon aus der Kindheit kennt. Und so einfach ist es tatsächlich: Mimik lässt sich mit wenig Grundformen zeichnen. Für die emotionsgebende Wirkung reichen sogar zwei Elemente: Mund und Augenbrauen.

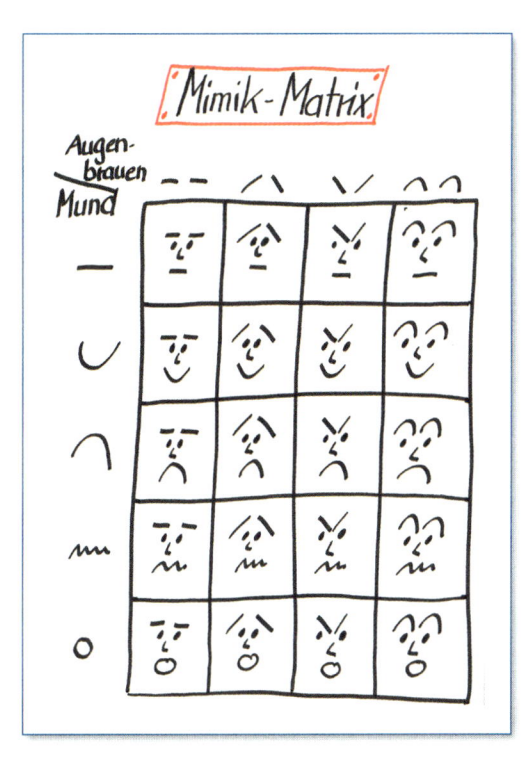

Man nehme

- einen Kreis für den Kopf (optional).

  Optional, weil Sie eine Umrandung auch weglassen oder andere Formen verwenden können: ein Viereck, ein Dreieck, Ihr Produkt, jeden beliebigen Gegenstand.

- zwei 6er für die Augen.

  Ja, Sie lesen richtig: eine normale „6" ist ein sehr einfacher Weg, um Augen zu zeichnen. Mit der normalen 6 schaut das Gesicht eher nach links, spiegeln Sie die 6, so schaut das Gesicht nach rechts.

- ein offenes Dreieck für die Nase (optional)

  Diese Variante ist schnell und als Schema erkennbar – wenn Sie möchten, können Sie gerne kreativ werden und andere Nasen verwenden. Optional ist auch dieses Element. Wenn Sie das Signal ganz reduzieren wollen, lassen Sie auch die Nase einfach weg.

- drei Striche oder Bögen für Augenbrauen und Mund

  Diese Formen sind entscheidend für den Ausdruck (siehe Mimik-Matrix, Seite 73).

und füge diese Zutaten in der richtigen Mischung zusammen.

Bewegungslinien

Wollen Sie die Wirkung Ihres Flipcharts dramatisch erhöhen? Das können Sie! Wie? Bewegungslinien! Das sind diese kleinen Linien, die in einem Comic Emotionen unterstützen, Bewegung in ein statisches Bild bringen und den

Leser verzaubernd in eine andere Welt ziehen. Mit Bewegungslinien können Sie auch auf Ihrem Verkaufschart Dynamik erzeugen, Richtung vorgeben, Lebendigkeit einhauchen und den Ausdruck mit wenig Aufwand erhöhen. Entscheidend für den Einsatz dieser kleinen Helferli sind zwei Dinge:

- die Richtung, aus der die Striche kommen

    Die Bewegung kommt aus der Richtung, in der die Striche gezeichnet sind, so als würden Sie die Luftbewegung sichtbarmachen.

- die Art der Striche

    Die Art der Striche drückt die Form der Bewegung aus: Gerade Striche symbolisieren eine schnelle einheitliche Bewegung, geschwungene Linien bringen im wahrsten Sinne „Schwung" auf das Chart.

Damit die Bewegungslinien leicht und quasi „hingehaucht" wirken, empfiehlt es sich, diese mit einem dünnen Strich mit der Spitze des Stiftes schnell in einem Zug zu zeichnen.

Aktive Verkaufszeit im Termin sparen mit vorbereiteten Flipcharts

Liegt Ihnen das Zeichnen vor dem Kunden nicht so sehr? Möchten Sie zudem aktive Verkaufszeit sparen?

Einige Verkäuferinnen und Verkäufer vereinfachen sich das Zeichnen im Termin, indem sie ihre Flipcharts schon vorbereitet mitbringen, und sparen dadurch wertvolle aktive Verkaufszeit.

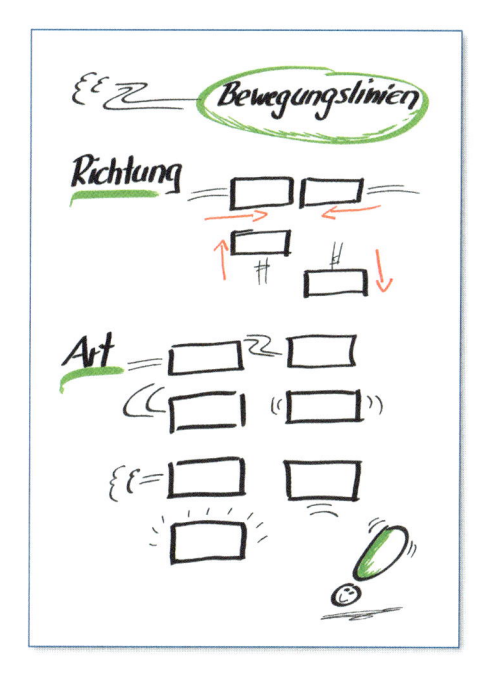

Wenn es Ihnen lieber ist, sich im Termin ganz auf Ihren Kunden zu konzentrieren und Sie schon im Vorfeld wissen, was Sie mit dem Kunden bearbeiten werden, können Sie Ihr Flipchart ganz oder teilweise vorbereitet mitbringen.

Flipcharts **ganz vorzubereiten** macht Sinn, wenn Sie dem Kunden etwas präsentieren wollen: wenige, ausgewählte Informationen über Ihre Firma, Produkte oder Vorgehensweise. Dies können Flipcharts sein, die Sie im Büro intensiv und attraktiv erstellen, gegebenenfalls durch einen Praktikanten oder neuen Mitarbeiter vervielfältigen lassen und somit stets mit einem Griff zur Hand haben.

Flipcharts **teilweise vorbereitet** mitzubringen ist angemessen, wenn Sie schon im Vorfeld wissen, in welche Richtung Sie mit dem Kunden arbeiten wollen. Erstellen Sie zuvor eine Vorlage und beginnen Sie mit dem Kunden im Termin gleich mit der Arbeit (Beispiele finden Sie im Abschnitt 4.5). Das spart Ihrem Kunden Zeit, Ihr Schriftbild ist sauberer und die schon vorbereiteten Charts geben Ihnen nicht nur eine visuelle, sondern auch eine inhaltliche Struktur – Sie sehen genau, welche Fragen Sie noch stellen, welche Schritte Sie noch gehen wollen.

4.5 Chart-Vorlagen (Templates): Aufbau und Dynamik

Es ist soweit: Motiviert stehen Sie im Kundengespräch auf und wollen das Flipchart nutzen. Sie sehen das große weiße Blatt unendlich leer vor sich ... und fühlen sich plötzlich wie der Ochs vorm Berg: Was soll da jetzt eigentlich drauf? Wie soll ich beginnen? Wie mache ich die Notizen?

Damit Sie stattdessen souverän handeln können und die Zügel in der Hand behalten, ist es notwendig zu wissen, wie Sie Ihre Struktur finden. In diesem

Kapitel finden Sie eine Übersicht an **Templates**, die Ihnen zeigen, wie Sie Ihre Charts strukturieren können.

In den meisten Fällen entwickeln Sie das Chart vor Ihrem Kunden bzw. mit ihm zusammen, damit dieser eine Lösung findet, die genau für sein Produkt und seine Situation entwickelt wurde. Die Blaupause – die Aufteilung des Charts – sollten Sie dennoch schon im Vorfeld in Ihrem Kopf vor Augen haben. Wie Sie dieses Gerüst inhaltlich mit Ihrem Kunden füllen, können Sie nicht planen – das Gerüst selbst schon. Die im Folgenden dargestellten Templates können Sie sowohl scheinbar spontan bei Ihrem Kunden auf dem weißen Blatt entstehen lassen, als auch ebenso gut vorbereitet mitbringen, bei Ihrem Kunden auseinanderrollen und los geht es mit der Entwicklung.

Was kennzeichnet diese Templates?

Alle diese Strukturen verfügen über einen Namen, eine Art „Überschrift", die das Thema des Charts deutlich macht. Häufig steht dieser Name am oberen Rand oder in der Mitte, er kann aber auch ganz woanders stehen. Entscheidend ist, dass Sie diesen Namen optisch hervorheben: Durch eine ViVe, größere Schrift oder farbige Hinterlegung sorgen Sie dafür, dass auch später im Fotoprotokoll oder bei Ihrem Kunden an der Bürowand auf den ersten Blick sichtbar wird, worum es geht.

Einige der folgenden Templates sind quasi „inhaltsfrei", so dass Sie selber entscheiden können, mit welchem Inhalt Sie sie füllen wollen, wie zum Beispiel die Mindmap. Andere sind auf inhaltliche Strukturen ausgerichtet und eignen sich für konkrete Fragestellungen wie z. B. das 4MAT-System oder SWOT. Viel Spaß beim Entdecken und Ausprobieren!

Mindmap

Bei der Struktur der Mindmaps steht das Thema, das zu bewältigende Problem oder das zu erreichende Ziel in der Mitte des Charts. Wie bei einem Baum im Querschnitt entwickeln sich Ideen oder Maßnahmen nun von innen nach außen. Die Hauptaspekte erhalten einen Haupt-Ast, wie im linken Beispiel: Diese vier Aspekte haben sich im Autohaus X als Handlungsfelder für die Personalentwicklung herauskristallisiert. Konkrete Details dazu können jetzt direkt als Unter-Ast hinzugefügt werden.

Das Mindmap ist geeignet für:

- Problemerfassung
- Themensammlung
- Problemanalyse
- Ideenentwicklung

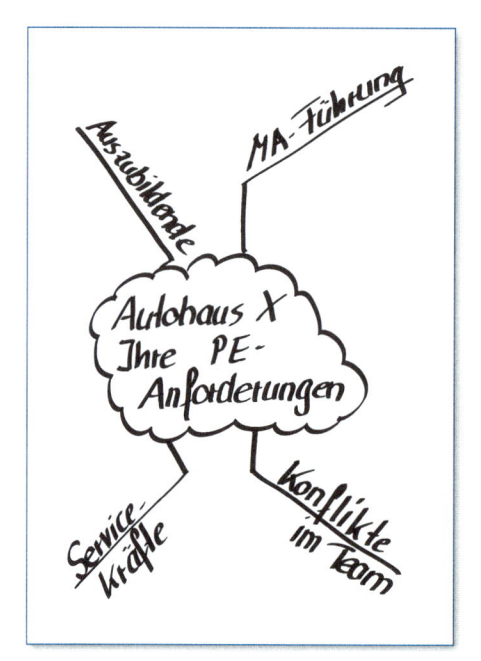

Investment-Baum

Ein Bild mit hoher Symbolwirkung ist der Baum: der Stamm symbolisiert das Unternehmen oder das Thema, um das es geht. Die Baumkrone mit ihren Blättern, Früchten und Blüten kann neue Ideen, den Nutzen Ihres Produktes oder Ihrer Dienstleistung darstellen. Bildhaft, wie im Erdreich der Baum wurzelt, könnte dieses im Verkaufsprozess für Ihre Dienstleistung stehen, die dem Fundament des Unternehmens Halt gibt oder neue Nährstoffe zuführt. In dem farbigen Template links sehen Sie, welchen Nutzen die Implementierung eines neuen CRM-Systems (CRM = Kundenmanagement) für einen Geschäftskunden bringen kann. Die Schritte für die Umsetzung sind jeweils im Stamm aufgeführt.

Auf derm Flipchart rechts sehen Sie ein Praxisbeispiel, bei dem es um die Implementierung eines neuen Mitarbeiterschulungs-System geht. Die Elemente Baum, Stamm, Gießkanne

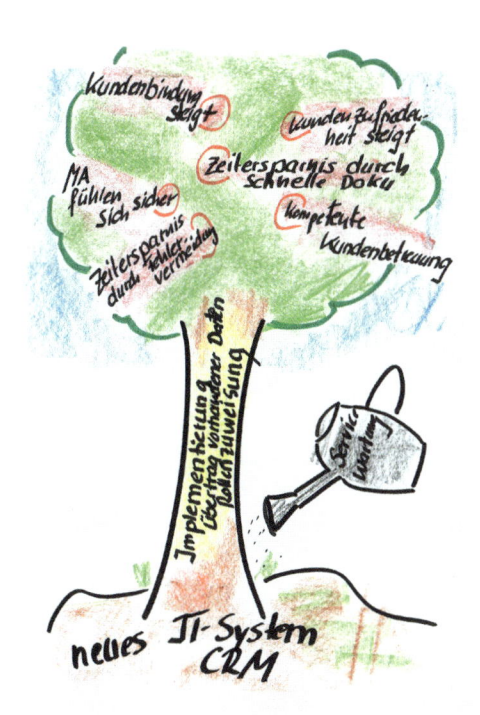

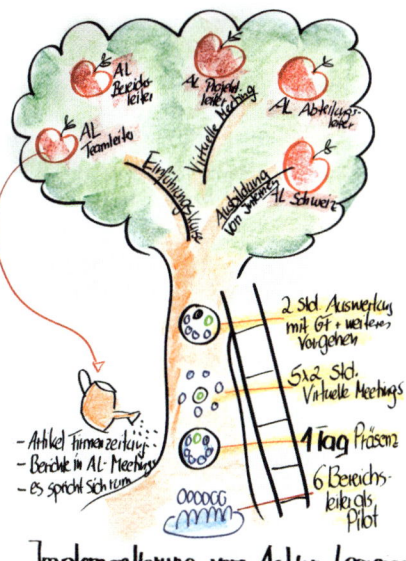

4 E – Entwickeln

und Früchte tauchen auch hier wieder auf. Ergänzend zum Template wird hier zusätzlich auf das Bild der Leiter zurückgegriffen, um die Implementierungsphase genauer aufgeschlüsselt darzustellen.

Geeignet für:

- Nutzen-Erarbeitung
- Zukunftsszenarien
- Input-Output-Übersichten
- Ideenentwicklung

Justitia: die Waage

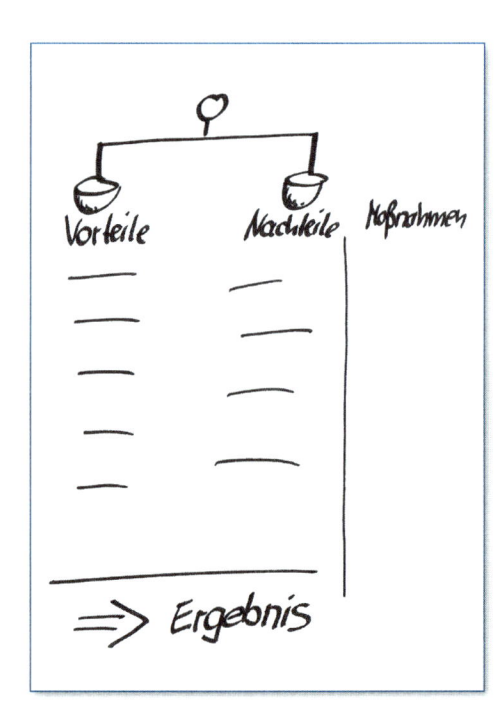

Die Waage ist eine Metapher aus dem Alltag, die bei jedem Menschen konkrete Erfahrungen auslöst und die automatisch mit dem Abwägen, Vergleichen und Gegenüberstellen verknüpft ist. Kosten und Nutzen können Sie in Form einer Waage darstellen. Auch Bedenken und Befürchtungen Ihres Kunden können Sie in einer der Waagschalen sammeln – Vorteile sowie Pluspunkte in der anderen Schale, die am Ende besser gefüllt ist und sich daher „nach unten neigt". Auf dem Template rechts sind neben den eigentlichen Waagschalen eine Spalte für Maßnahmen und eine Zeile für das Ergebnis vorgesehen. Diese Darstellung können Sie für Ihre konkrete Situation anpassen.

Geeignet für:

- Kosten-Nutzen-Gegenüberstellung von Produkten oder Dienstleistungen
- Entscheidungsfindung
- Input-Output-Übersichten
- Ideenbewertung

Kosten – Nutzen

Sie möchten Ihren Kunden unterstützen, sich vor einer Entscheidung das Verhältnis von Kosten und Nutzen bewusst vor Augen zu führen? Das gelingt mit dieser einfach zu zeichnenden Grafik. Mit Hilfe einer stilisierten Wegkreuzung unterteilen Sie das Bild in zwei Hälften (links). In der rechten Version gehen Sie differenzierter vor, weil Sie insgesamt drei Ebenen betrachten:

Wie hoch ist der Invest? = Was stecken Sie rein?

Was verändert sich dadurch? = Welche Änderungen entstehen dadurch schon bei Ihnen im Unternehmen, die vielleicht nicht mit Geld zu bemessen sind?

Erst im dritten Schritt richten Sie den Fokus auf den direkten Nutzen = Was kommt dabei heraus?

Geeignet für:

- Kosten-Nutzen-Gegenüberstellung von Produkten oder Dienstleistungen
- Entscheidungsfindung
- Bewertung zukünftiger Schritte
- Ideenbewertung

Wege zum Ziel

Der Weg ist ein passendes Bild für einen längeren Prozess, der in Zwischenschritten zum Ziel führt. Jeder Mensch weiß, dass es leichter wird, ans Ziel zu kommen, wenn man realistische Zwischenziele einbaut. Erwecken Sie bei Ihrem Kunden ein klares Bild zu den einzelnen Schritten sowie die verständliche Zuversicht, dass er das Ziel am Ende des Weges natürlich erreichen wird.

Für die Art und Weise, wie Sie den Weg darstellen, stehen Ihnen ganz unterschiedliche Optionen zur Verfügung. Ob geschwungen dynamisch, von unten nach oben oder oben nach unten, hängt ganz von Ihren Vorlieben, Ihrem Thema und Ihrem Kundentypen ab.

Neben den schwarz-weißen Vorlagen finden Sie hier ein Praxisbeispiel, auf dem wir im Verkaufsgespräch den Weg zur Einführung eines neuen Einarbeitungsprogramms entwickelt haben. Dieses Chart hing noch lange Zeit im Büro des Auftraggebers.

Geeignet für:

- Einfache Prozessberatung
- Vom Problem zur Lösung
- Vom Ist zum Ziel
- Formulierung von Zwischenzielen
- Erarbeitung zukünftiger Schritte

4 E – Entwickeln

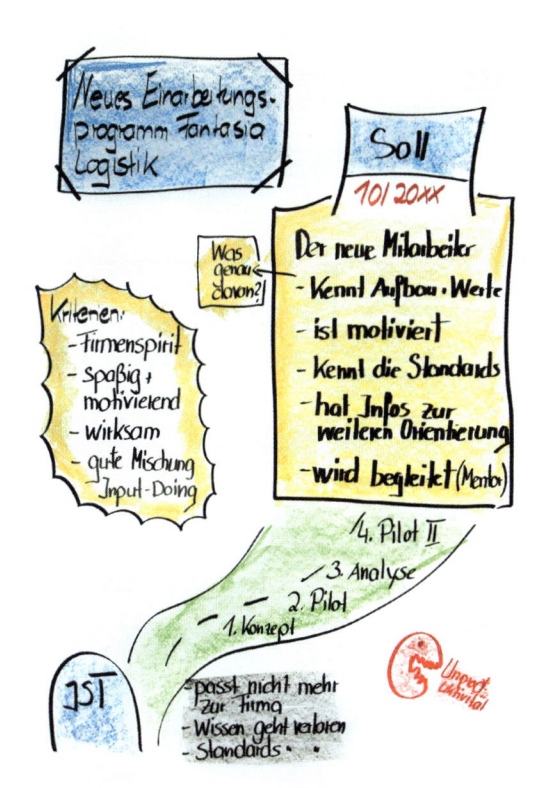

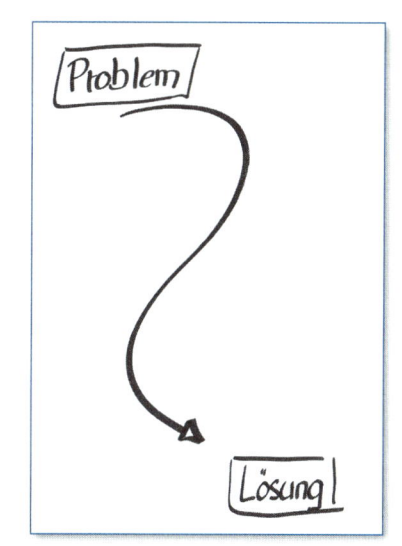

Zeit = Geld

Eine wichtige Fähigkeit, die ein Verkäufer besitzen sollte, ist das schnelle Kopfrechnen. Insbesondere wenn es darum geht, dem Kunden vorzurechnen, welchen monetären Vorteil die Lösung XY bietet:

Wieviel spart der Kunde in der Stunde, am Tag, in der Woche, im Monat, aufs Jahr gerechnet? Aus kleinen Zahlen werden dann große (Einspar)-Summen.

Oder: Was bedeutet eine Investition über 5 Jahre auf die Monate, die Wochen und letztlich auf einen Tag gerechnet? Hier entstehen kleine Summen und damit geringe (leicht zu verschmerzende) Ausgaben.

Das Ganze dann noch aufs Flipchart gebracht, hat eine enorm positive Wirkung auf den Verkaufsprozess, weil einleuchtend und einprägend.

Geeignet für:

- Gesparte Zeit in Geld umrechnen
- Investitionsschmerz nehmen
- Gewinn sichtbar machen
- Überzeugung

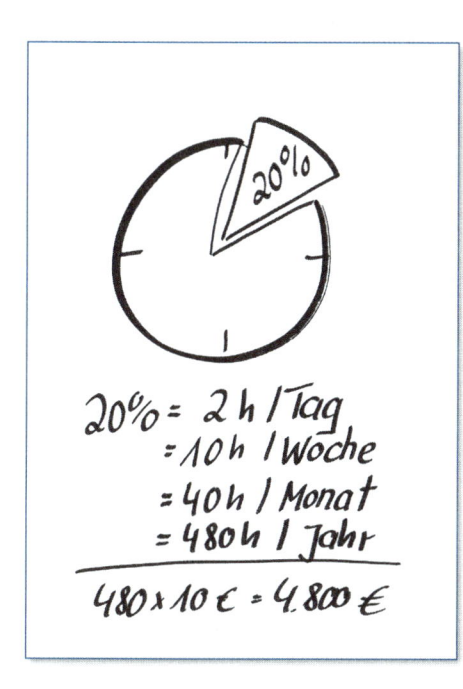

Card 1:

20%

20% = 2 h / Tag
    = 10 h / Woche
    = 40 h / Monat
    = 480 h / Jahr
─────────────────
480 × 10 € = 4.800 €

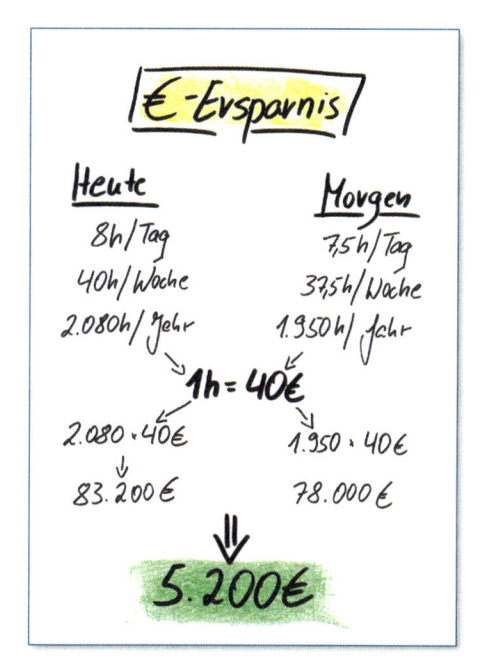

Card 2:

€ - Ersparnis

Heute	Morgen
8 h / Tag	7,5 h / Tag
40 h / Woche	37,5 h / Woche
2.080 h / Jahr	1.950 h / Jahr

1 h = 40 €

2.080 · 40 €   1.950 · 40 €
83.200 €   78.000 €

⇩

5.200 €

Step by step – die Treppe

Dieses einfache und bekannte Symbol hilft Ihnen, einen großen Zwischenraum, der für Ihren Kunden im Vorfeld vielleicht als unüberbrückbar erscheint, in gangbare kleine Schritte zu unterteilen, in klar definierte Etappen, um damit ein attraktives Ziel zu erreichen. Die Treppe können Sie von links unten nach rechts oben führen, wenn es ein Ziel zu erreichen gilt, oder von links oben nach rechts unten, wenn Sie einen problemvollen, komplexen Zustand lösen oder verschlanken wollen.

Es hat sich bewährt, nicht mehr als 5, maximal 7 Schritte zu definieren. Je mehr Zwischenschritte Sie einplanen, um so anstrengender scheint der Weg, umso unrealistischer scheint die Zielerreichung. Sollten Sie mehr Schritte benötigen, probieren Sie lieber, einzelne Stufen in mehrere Teilaspekte zu unterteilen, die aber eine gemeinsame Überschrift haben.

Geeignet für:

- Schritt für Schritt zum Ziel
- Einen großen Berg in kleine Etappen aufteilen
- Konkrete Maßnahmenentwicklung zum großen Ziel
- Für den Kunden sichtbar machen, dass es möglich ist

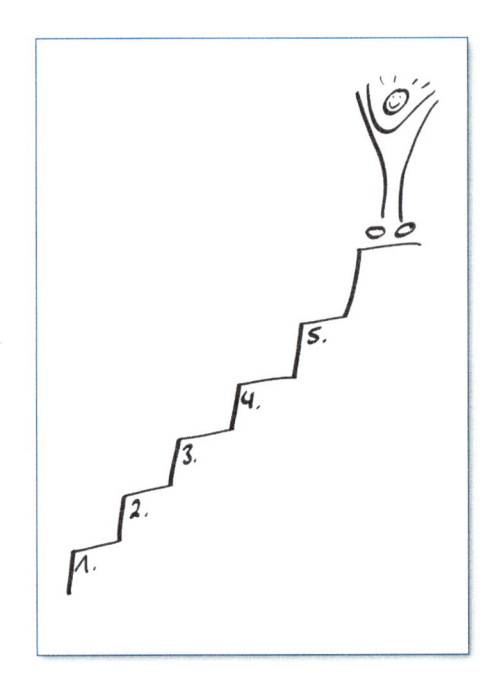

Gegenüberstellung, Vergleich

Diese schlichte Tabelle sorgt für eine klar strukturierte Übersicht ohne viel Drumherum. In der linken Spalte erfassen Sie, welche Kriterien ein Produkt oder eine Lösung für Ihren Kunden haben soll.

Wenn schon eine klare Auswahl besteht, unter der sich der Kunde vermutlich entscheiden wird, sammeln Sie in den Spalten A und B, welche konkreten Leistungen die vorausgewählten Produkte A und B in Bezug auf die Kriterien bieten. In der Spalte „Bemerkungen" können Sie offene Punkte, besondere Hervorhebungen, To-dos oder Fragen sammeln. Am Ende dieser Methode steht häufig eine klare Entscheidung. Zumindest ist in der Spalte „Bemerkungen" definiert, was der Kunde noch klären oder Sie gemeinsam erarbeiten müssen, um zur Entscheidung zu kommen.

Geeignet für:

- Gegenüberstellung verschiedener Lösungsoptionen oder Produkte
- Vergleich verschiedener Alternativen
- Entscheidungsfindung

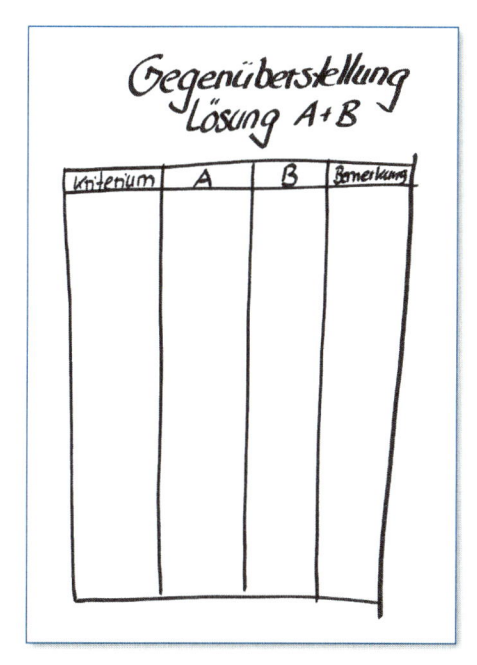

Den Berg erklimmen

Diese Metapher spricht von Anstrengung, von Körperlichkeit, von Natur und von Erfolgserlebnis, wenn man das Ziel erreicht hat. Von Herausforderung, von schlauem Ressourceneinsatz, von Gefahren und guter Planung. Nutzen Sie die entsprechende Begriffswelt – Basecamp, an einem Seil hängen, Gipfelkreuz, Bergführer, Ausblick, Berghütte, Bergsee usw. – um Ihren Kunden in die Metapher mit einzubeziehen.

Ein Kunde, ein begeisterter Wanderer, war unzufrieden und problemorientiert bei einem betrieblichen Thema. Als wir dieses Template ins Spiel bringen, bekommt er leuchtende Augen und setzt sofort seinen Sportsgeist und seine Zielorientierung für das betriebliche Problem ein. In Kürze erarbeiten wir gemeinsam eine Lösung für das Thema und der Kunde ist sehr zufrieden.

Geeignet für:

- Weg zum Ziel entwickeln
- Emotionalisierte Darstellung, wie eine Herausforderung gemeistert, ein Ziel erreicht werden kann
- Erschließung neuer Märkte, Zielgruppen oder Produktpaletten
- Planerstellung mit Zwischenzielen und Ressourcen
- Motivation, einen Weg zu beginnen

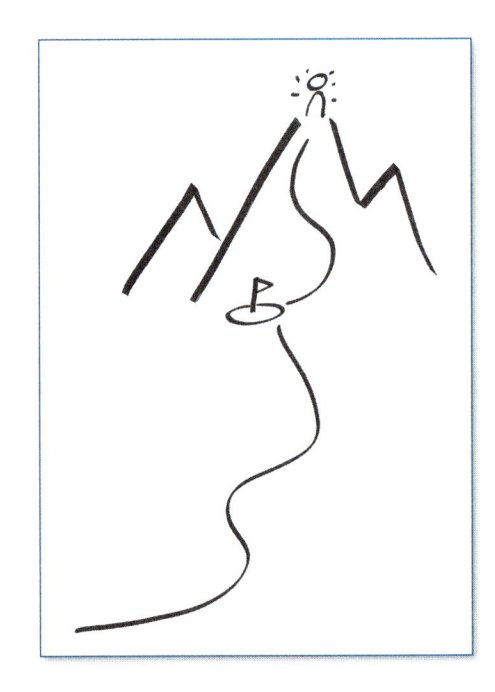

Zielfeld

Im Zielfeld steht das zu erreichende Ziel bzw. der Soll-Zustand in der Mitte. Von außen sammeln Sie gemeinsam die Aspekte und Maßnahmen, die dort hinführen oder die relevant für die Zielerreichung sind. Die Entfernung zum Ziel oder eine nachträgliche Priorisierung kann deutlich machen, welche Aspekte vorrangig zu bearbeiten sind.

Geeignet für:

- Zielerreichung – schneller Überblick
- Umsetzung/Realisierung einer Lösung

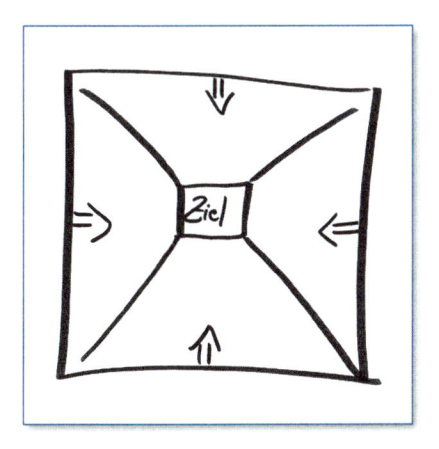

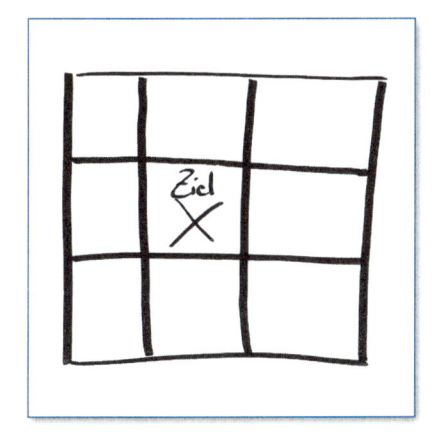

3-Felder- und 4-Felder-Tafel

Ein schlichtes Quadrat oder ein Dreieck können Ihnen helfen, ein Thema unter verschiedenen Aspekten zu beleuchten. Die Fragen, die Sie wählen, können je nach Ziel variieren. Neben den im Beispiel aufgelisteten Fragen und Stichpunkten haben wir mit folgenden Fragen nützliche Ergebnisse erzielt:

1. Was ist das Problem? Wer hat das Problem nicht oder schon gelöst? Wie macht er das? Was können wir daraus lernen?

2. Zur aktuellen Situation: Was daran ist gut und soll bestehen bleiben? Was stört Sie und soll anders werden? Was wäre richtig toll?

3. Zur Idee:
   Was sagt der Vertrieb dazu?
   Was sagt die Produktion dazu?
   Was sagt das Controlling dazu?

Geeignet für:

- Analyse von Thema/Situation/Problem/Produkt
- Weiterentwicklung
- Entscheidungsvorlage Ideenentwicklung

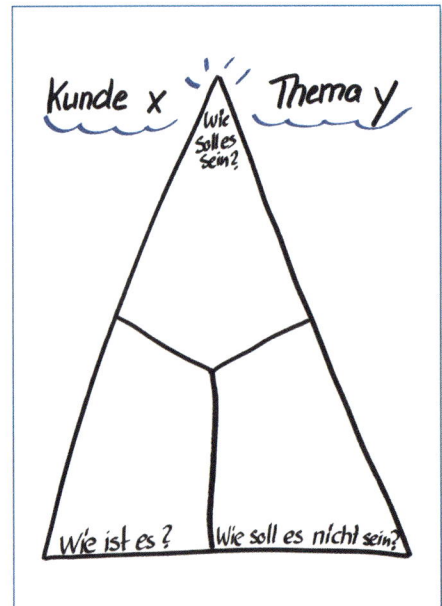

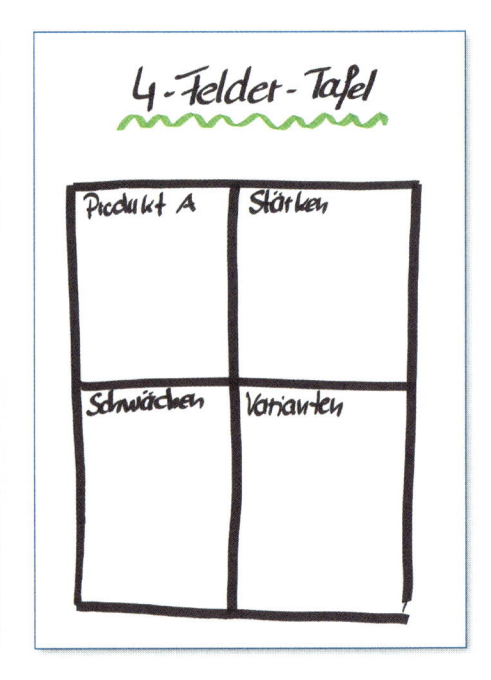

Systemisches Netz

In vielschichtigen Situationen können Sie Zusammenhänge auf dem ganzen Blatt verteilt darstellen. Verwenden Sie dabei die schon bekannten Grundformen Kreis, Viereck, Dreieck und setzen Sie diese immer gleichartig ein.

Identifizieren Sie im Kundengespräch durch aktives Zuhören die wesentlichen „Mitspieler" im zuvor definierten Bedarfs-, Problem- oder Zielfeld Ihres Kunden: Das können einzelne Menschen sein oder auch Unternehmen oder symbolische Elemente wie Geld, Umsatz, der Markt, das Produkt.

Positionieren Sie diese Elemente auf dem Flipchart. Fragen Sie danach Ihren Kunden, welche wesentlichen Einflussfaktoren noch fehlen und ergänzt werden müssen.

Bitten Sie nun den Kunden, sich die Zusammenhänge der einzelnen Elemente bewusst zu machen, und skizzieren Sie diese durch Pfeile und andere Symbole, bis das ganze Netz sichtbar geworden ist.

Für die danach folgenden Schritte einer Lösungsentwicklung oder Verkaufsmaßnahme können Sie auf weitere Templates zurückgreifen, wie zum Beispiel auf „Weg zum Ziel".

Geeignet für:

- Analyse von Themen/Situationen/Problemen/Produkten/Märkten
- Weiterentwicklung
- Entscheidungsvorlage
- Ideenentwicklung

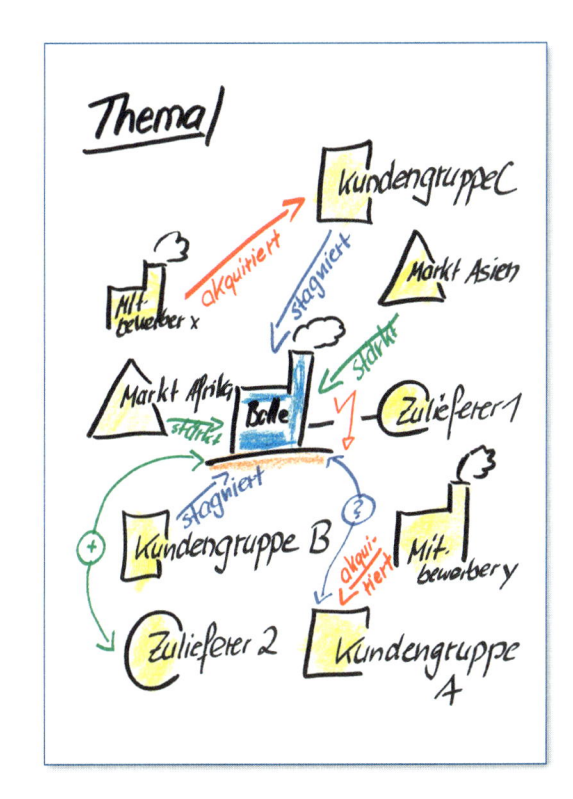

Schlucht überbrücken

Eine Schlucht ist eine Herausforderung, die es zu bewältigen gilt. Den Spalt zwischen einer Ist- und einer Zielsituation können Sie als Schlucht darstellen, die überbrückt werden muss. Auf der linken Seite steht Ihr Kunde jetzt, auf der rechten Seite will er in Zukunft stehen. Sie helfen ihm, diese Schlucht zu überwinden, indem Sie eine Brücke spannen oder auch durch das Tal laufen. Die einzelnen Maßnahmen, die Sie gemeinsam entwickeln oder die Sie Ihrem Kunden empfehlen, verknüpfen Sie zu einem Weg auf die andere Seite.

Geeignet für:

- Problembewältigung
- Change Management

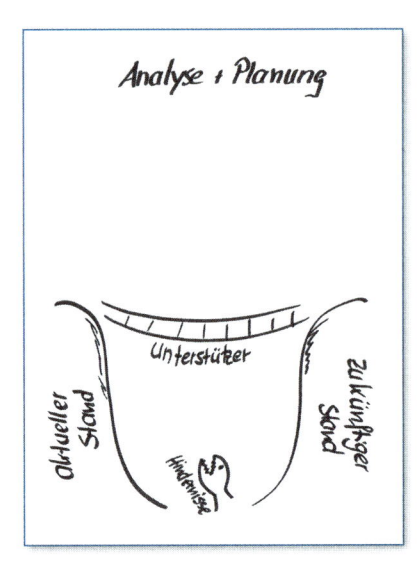

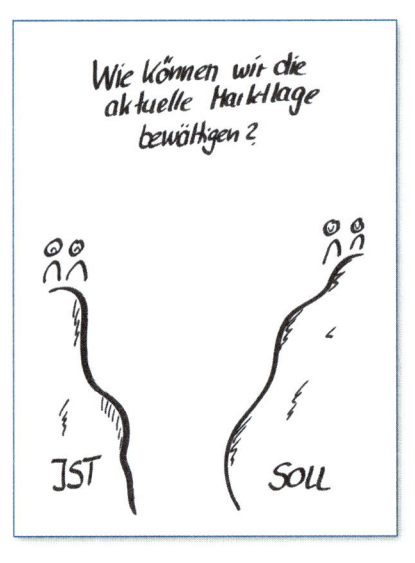

Fluss

Der Fluss ist eine weitere Metapher aus der Natur, die den Sportsgeist anspricht. Das Blatt wird im Wesentlichen in drei Teile aufgeteilt. Der mittlere Bereich wird als Fluss gekennzeichnet, der aktuelle und der erwünschte Zustand können beliebig oben oder unten positioniert werden. Um der Metapher Gewicht zu verleihen, ist es wichtig, im Fluss Stolpersteine und Trittsteine zu erfassen: Was könnte auf dem Weg durch einen vielleicht tiefen oder aufgewühlten Fluss helfen, um auf die andere Seite zu gelangen? Welche Gefahren und Hindernisse kann es auf dem Weg geben und wie kann der Kunde diese vermeiden oder bewältigen?

Geeignet für:

- Analyse von Ist, Soll und dem Weg dahin
- Herausforderung bewältigen
- Change Management
- Analyse von Hindernissen und Unterstützern

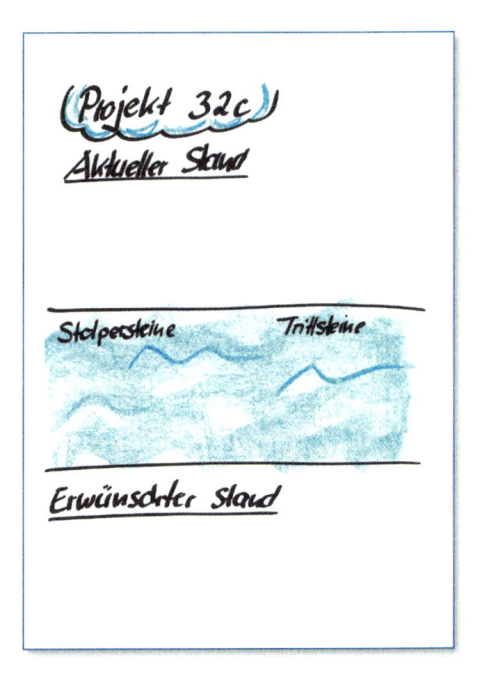

SPIN

Die SPIN-Verkaufsmethode ist eine von Neil Rackham entwickelte differenzierte Fragetechnik für den Verkauf. Das Akronym steht für:

- *Situationsfragen*
  Fragen zu aktuellen Zahlen, Prozessen, Strukturen.

- *Problemfragen*
  Fragen, die das Problem des Kunden aufdecken.

- *Implikationsfragen*
  Fragen, die die negativen Konsequenzen des Problems aufzeigen.

- *Nutzen*
  Fragen, die die positive Auswirkung und den wirtschaftlichen Nutzen einer Lösung offenlegen.

Das Wort SPIN muss nicht direkt auf dem Chart auftauchen. Sie als Verkäufer haben die Struktur im Hinterkopf und schreiben auf das Chart ausschließlich die dahinter stehenden Fragen, die in diesem Fall relevant sind.

Nach der Beantwortung der Fragen durch den Kunden wechseln Sie als Verkäufer hin zur Beschreibung der möglichen Lösungen und führen den Kunden in Richtung Abschluss.

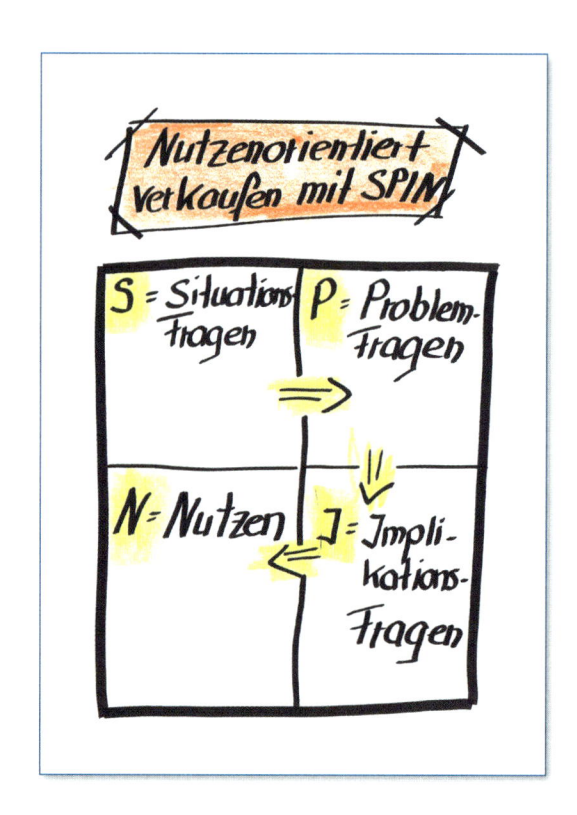

Geeignet für:

- Lösungsverkauf
- Höherpreisige Investitionen, zum Beispiel im Bereich Hard- und Software oder Maschineneinkauf
- Methodischen Verkauf
- Entscheidungsvorlage für den Kunden, da er die finanziellen Konsequenzen auf einen Blick sieht

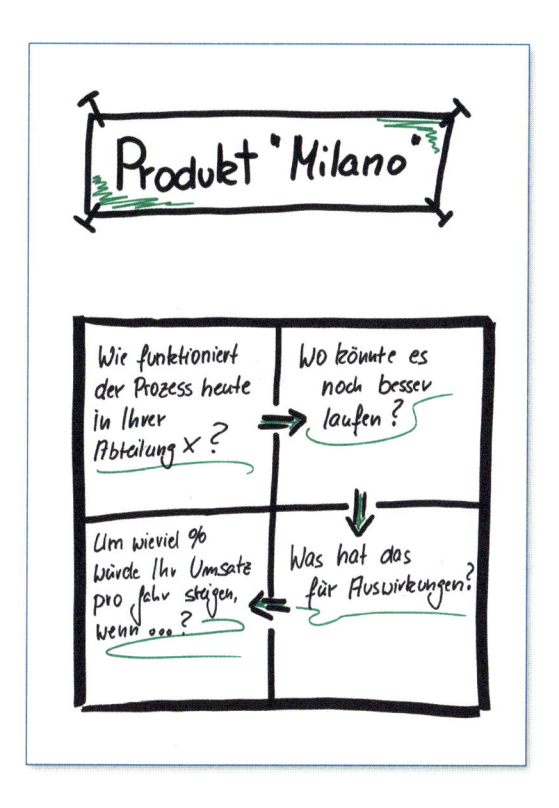

Ishikawa-/Fischgrätendiagramm

Dieses Ursache-Wirkungs-Diagramm wurde im Jahr 1943 von dem japanischen Wissenschaftler Kaoru Ishikawa entwickelt und später nach ihm benannt. Da es optisch an eine Fischgräte erinnert, wird es häufig auch als Fishbone Diagram bzw. Fischgrätendiagramm bezeichnet.

Es visualiert diejenigen Ursachen, die zu einem Problem führen bzw. an der Entstehung eines Problems beteiligt sind. Es lässt sich sehr leicht zeichnen und sorgt für visuelle Struktur und Transparenz.

Im Verkaufsprozess lässt es sich einsetzen, wenn Sie als Verkäufer bewusst den Fokus auf den „Schmerz" Ihres Kunden legen möchten, oder wenn Sie mit Ihrem Kunden herausarbeiten wollen, welche Themen zu der Lösung eines Problems führen.

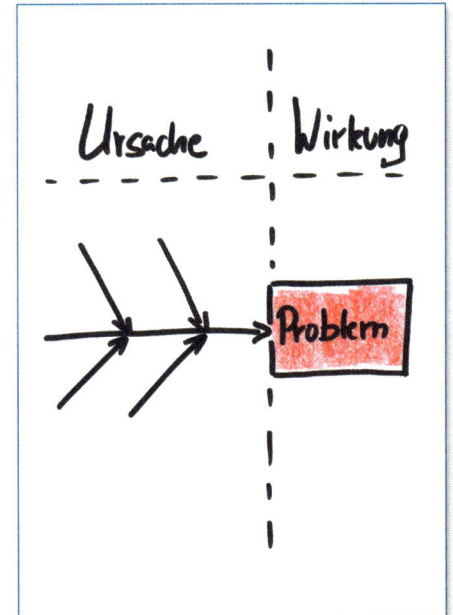

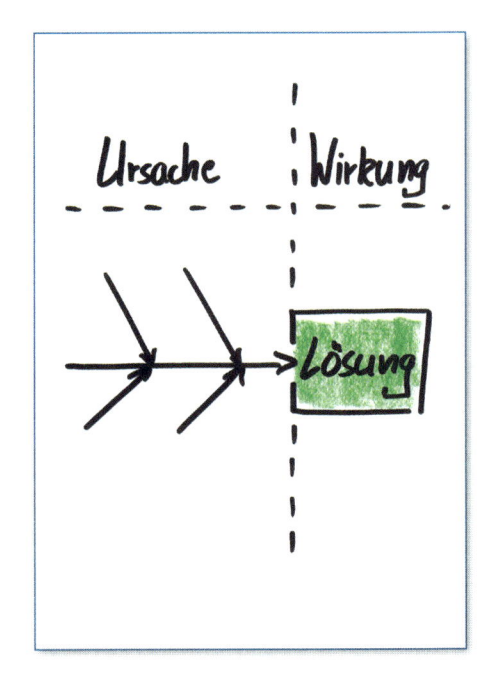

In dem Praxisbeispiel Kühlkette geht es um eine Lösung, die geeignet ist, mögliche Fehlerquellen innerhalb einer Kühlkette aufzuspüren – hier im Speziellen um den Kühlprozess von Milch. Der Verkäufer, der mit dem Ishikawa-Template arbeitet, will bewusst aufzeigen, an welchen Stellen die Kühlkette unterbrochen werden kann. Gleichzeitig bietet er die Lösung –
eine drahtlose Überwachung der Kühltemperatur – an, die er mit
Hilfe zweier Symbole anschaulich visualisiert.

Geeignet für:

- Lösungsfindung
- Den Fokus im Verkauf bewusst auf Problembereiche lenken
- Ursachenfindung, um nächste Schritte einzuleiten
- Aufzeigen möglicher Fehlerquellen

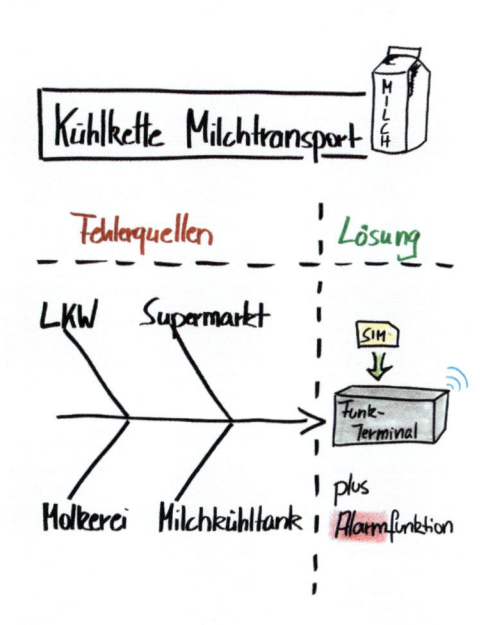

Benchmark

Mit der Benchmark-Übersicht helfen Sie Ihrem Kunden dabei, den Wettbewerb zu analysieren und daraus für sich selber Weiterentwicklungsentscheidungen abzuleiten.

In die linke Spalte schreiben Sie den Namen eines Mitbewerbers. Suchen Sie dafür ein Unternehmen aus, welches zum Beispiel die Werbung, Kundenbindung, Qualität schon jetzt besser macht als andere. Es kann sich um ein Unternehmen aus der eigenen Branche handeln, spannend kann aber auch der Vergleich mit einem branchenfremden, besonders erfolgreichen Unternehmen sein. In letzterem Fall ist es wichtig, daraus einen realistischen Lernerfolg für die eigene Branche abzuleiten. Der fällt dann aber oft besonders nützlich aus.

Sie können das ausgewählte Unternehmen in Gänze oder auch in Teilbereichen analysieren: Sie können sich auch auf eine konkrete Fragestellung, ein Produkt oder eine Dienstleistung dieses Konkurrenzunternehmens konzentrieren, etwa „Was genau tut es, um diese hohe Kundenbindung zu erreichen?", „Wie realisiert es die hohe Qualität?" oder „Wie schaffen die es, so viele Filialen zu platzieren?". Diese Frage schreiben Sie zum Namen des Mitbewerbers mit in den Kopf der linken Spalte.

Die linke Spalte füllen Sie mit den Antworten zu den Fragen:
„Was genau macht er besser? Wie macht er das?"

In die rechte Spalte kommen die Antworten zu der Frage:
„Was können Sie daraus lernen?"

Geeignet für:

- Vergleich mit Mitbewerbern
- Marktpositionierung
- Vergleich mit Konkurrenzprodukten
- Weiterentwicklung

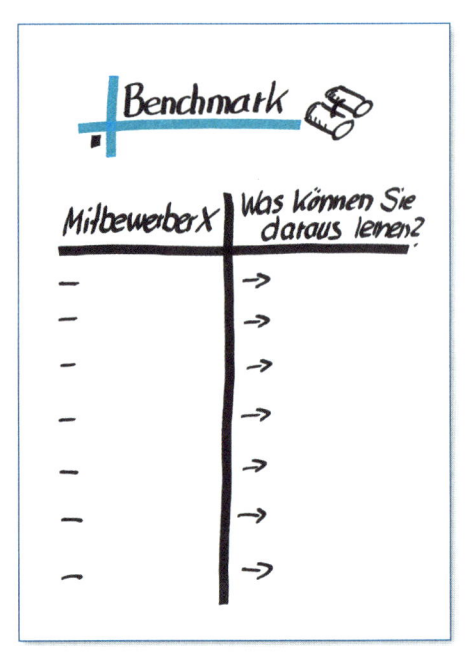

Fußballfeld

Diese Metapher aus dem Sport kann gerade bei fußballbegeisterten Menschen einen intensiven Perspektivenwechsel und daraus resultierend neue Sichtweisen, Ideen und Entscheidungen ermöglichen. Der Sportsgeist wird auf ein betriebliches Thema gerichtet und es kommt eine spielerische Komponente hinzu. Damit diese Analyse Hand und Fuß bekommt, erarbeiten Sie als Verkäufer mit Ihrem Kunden klar die Faktoren, auf die es ankommt. Dabei kann das Spiel das eigene Team symbolisieren oder auch eine Produktplatzierung oder einen ländertypischen Markt.

Mögliche Fragestellungen sind:

> Was ist das Tor der Gegners?
> Was ist Ihr eigenes Tor?
> Was ist ein Eigentor?
> Wer ist der stärkste Spieler der anderen?
> Was ist die stärkste Strategie der anderen?
> Wer ist Ihr stärkster Spieler?
> Was ist Ihre stärkste Strategie?
> …

Geeignet für:

- Kunden, denen der sportliche Gedanke vom Fußball gefällt
- Perspektivenwechsel
- Analyse des eigenen Teams oder der eigenen Produkte
- Stärken- und Schwächen-Analyse
- Kleine Change-Projekte
- Besonders gut für die Informationsphase geeignet

Regenschirm

Mit dem Regenschirm wenden Sie eine alltägliche Metapher des Schutzes, die jeder schon einmal erlebt hat, auf Ihr Thema an. Sie erweitern diese Metapher zugleich um die Fragestellungen, die in Ihrer Branche relevant sind. Den Schirm selbst können Sie vorbereiten oder mit wenigen Strichen vor dem Kunden zeichnen. Die Fragestellungen können Sie wie üblich in Schwarz auf das Papier schreiben, die Antworten zur visuellen Unterscheidung in Blau. Der Schirm kann wie in diesem Beispiel groß in der Mitte des Charts stehen oder auch kleiner als Symbol neben der Überschrift. Wir bevorzugen die hier abgebildete große Variante, weil die Antworten der Fragen gleich metaphorisch an die richtige Stelle positioniert werden können.

Nützliche Fragen sind:

- Was soll geschützt werden?
- Wovor soll es geschützt werden?
- In welchem Maße soll es geschützt werden?

Geeignet für:

- Sicherheit in der IT-Branche
- Sicherheit im Gebäudemanagement
- Sicherheit im Finanzsektor
- Einstieg in eine Analyse, konkretere Schritte müssen folgen

Pyramide

Aufbauend auf einer soliden Basis erhebt sich die Pyramide: Ein Symbol für ein starkes Fundament und gut getragene obere Ebenen.

Die Pyramide können Sie gemeinsam mit dem Kunden entwickeln, sie bietet sich an, wenn es darum geht, aufeinander aufbauende Komponenten darzustellen.

In der IT-Welt kann die Pyramide bildhaft die Vergabe von Berechtigungen darstellen, wenn Sie Ihrem Kunden erklären möchten, welcher seiner Mitarbeiter oder welche Abteilung über welche Berechtigung verfügen soll.

Da die Ebenen sich hervorragend eignen, um dort Texte einzufügen, und eine Pyramide sich sowohl in 2D als auch in 3D besonders schnell zeichnen lässt, ist dieses Template für Visualisierung „aus dem Effeff" perfekt.

Beim Aufbau eines Unternehmens kann wie im Beispiel rechts die erste Ebene die Unternehmensphilosophie darstellen, die zweite Ebene steht für die Unternehmensziele, die auf Ebene 1 aufbauen, und über allem sitzt das Leitbild als Vision.

Geeignet für:

- Verantwortlichkeiten oder Zugangsberechtigungen in Sicherheitssystemen
- Unternehmensaufbau
- Produktanalyse

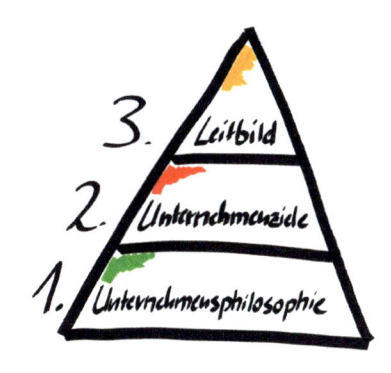

Rundumcheck

Wie ein Looping ist der Pfeil dieses einfachen Templates aufgebaut, mit dem Sie beispielsweise Ihrem Gesprächspartner einen Überblick geben können, auf welche bestehenden Themen oder Bereiche Sie gemeinsam einen Blick werfen möchten. Der Kreis, der durch den „Loopingpfeil" in der Mitte entsteht, wird durch zwei gerade Striche in vier Felder unterteilt, die Sie dann beschriften können.

Ein schönes Tool, um schnell wichtige Themen zu visualisieren. Es bietet sich dann an, wenn Sie auch genau vier Bereiche haben, die für Ihren Kunden besonders wichtig sind.

In dem Praxisbeispiel „Online-Marketing" geht es um die Werbeausgaben und -aktivitäten eines großen mittelständischen Unternehmens. Der Verkäufer – Inhaber einer Werbeagentur mit Schwerpunkt Online-Marketing – nutzt den Rundumcheck als einfaches Tool im Gespräch, um die vier Online-Kanäle, in die sein Kunde zur Neukundengewinnung investiert, zu visualisieren.

Im unteren Drittel des Charts nutzt er die Farbe Rot, um den Punkt zu unterstreichen, um den es ihm im Wesentlichen geht, die Ausgaben von 150.000 Euro in Verbindung mit der Frage des Conversion-Trackings (zu deutsch: Besuchsaktionsauswertung), also die Frage nach der Effektivität seiner Online-Maßnahmen. Wie erkennt der Kunde beispielsweise, welche Besucher seiner Website zu tatsächlichen Käufern werden?

Da der Verkäufer in seinem Portfolio Lösungen für die Auswertung von Online-Marketingmaßnahmen anbietet, macht er sinnvollerweise das „Tracking-Problem" bewusst zum Thema und hinterlässt durch den Einsatz des Flipcharts eine stärkere Wirkung, als wenn er das Thema nur über die Tonspur verfolgt hätte.

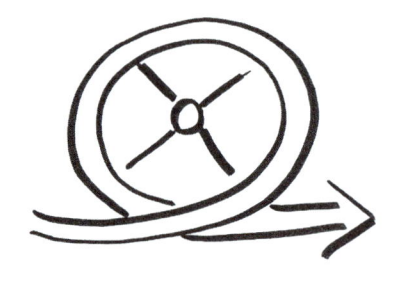

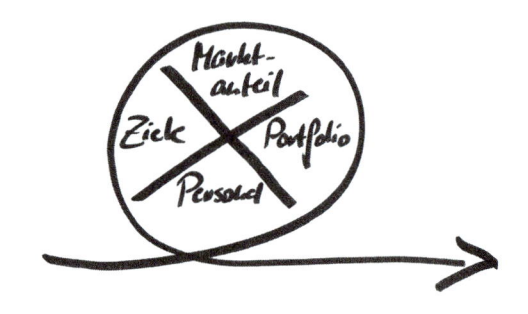

Geeignet für:

- Agenda im Überblick
- Vier Fokus-Themen
- Hervorhebung von Aspekten
- Visualisierung von Kontroll- und Feedbackschleifen

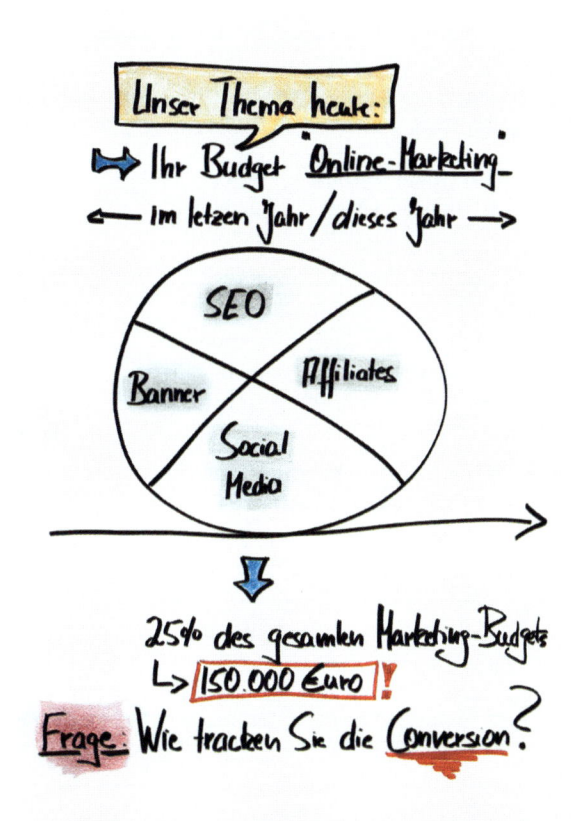

Thermometer/Gewichtung

Mit dem Thermometer lassen sich Temperaturen messen. Nicht nur echte, sondern auch atmosphärische Stimmungen, Kundenstimmungen oder fachlicher Fortschritt. Mit einem Thermometer können Sie mit Ihrem Kunden gemeinsam erarbeiten, wo sein Produkt, sein Projekt, seine Dienstleistung oder sein Team gerade steht, und erarbeiten, was ein gewünschter Soll-Zustand wäre.

Im linken Chart werden zur Bewertung die Ampelfarben verwendet, beim Thermometer im rechten Chart entsprechend zu den gefühlten Temperaturgraden Blau für eisig, Grün für die Komforttemperatur und Rot für überhitzt.

Geeignet für:

- Erfassung von Stimmungen zum Beispiel in Teams oder Kundenumfragen
- Projektstand-Analyse
- Erfassung von Zufriedenheit, um einen Verkauf vorzubereiten

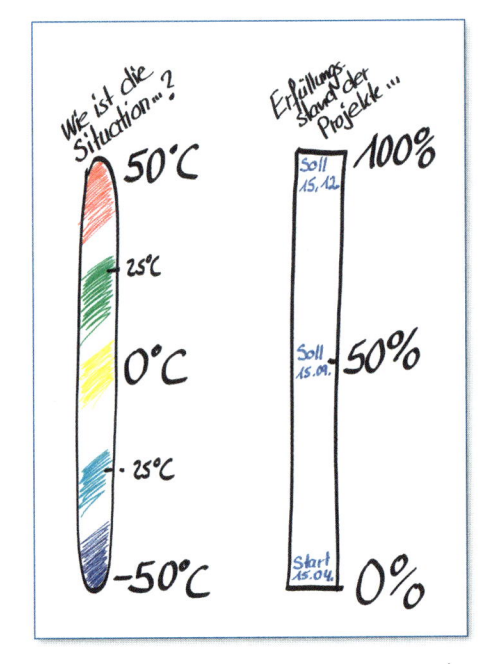

Wunschkonzert

Das Wunschkonzert dient dazu, Ihren Kunden in eine positive Zukunft zu „entführen". Hier werden alle Wünsche und Anforderungen Ihres Kunden gesammelt visualisiert. Dadurch fühlt sich Ihr Kunde abgeholt und Ihnen als Verkäufer selbst bietet es die Gelegenheit, Ihren Kunden und seine Bedürfnisse besser zu verstehen.

Gleichzeitig ist Ihrem Kunden aber klar, dass es sich bei einem „Wunschkonzert" üblicherweise nicht um die Realität handelt. Er erwartet also gar nicht erst, dass Sie als Dienstleister die Anforderungen auf diesem Chart zu 100% erfüllen werden, und stellt sich gedanklich schon mal darauf ein – ein großer Vorteil im Verkaufsprozess.

Setzen Sie also dieses Template dann bewusst ein, wenn Sie im Verkaufsgespräch für sich feststellen, dass Sie, beziehungsweise Ihre Lösung, den ganz großen Teil dessen, was auf dem Chart steht, auch bieten können.

Geeignet für:

- Visualisierung der Kundenanforderung
- Auflistung von Verbesserungsvorschlägen
- Erfassung von Themen mit hoher Priorität
- Zusammenfassung im Verkaufsgespräch

Problemanalyse

In einigen Situationen mag es nützlich sein, den Kopf erst einmal frei zu bekommen, um eine problematische Situation erfassen zu können. Mit der Problemanalyse kann sich Ihr Kunde erst mal in Brainstorming-Form alle möglichen Ursachen und Einfluss-Faktoren „von der Seele" reden. Wenn das Bild sich auf dem Flipchart vervollständigt und Ihr Kunde sich immer klarer wird, worum es geht, können Sie beginnen, Maßnahmen abzuleiten oder im nächsten Schritt „Wege zum Ziel" zu entwickeln. Die Problemanalyse ist nicht so systematisch aufgebaut wie das Ishikawa-Diagramm und kann daher oft besser verwendet werden, wenn die Annäherung an das Thema relativ am Anfang steht.

Das Problem in den Fokus zu setzen macht auch in Reklamationsgesprächen Sinn, wenn Ihr Kunde zunächst seinem Ärger Luft machen möchte. Dass das vor Ihrem Lösungsvorschlag geschieht, ist entscheidend, ansonsten ist Ihr Gegenüber noch nicht aufnahmefähig für eine Lösung seines Problems. Ein gut geführtes Reklamationsgespräch und die Bearbeitung im Nachgang ist nicht selten der Auftakt zu einem weiteren guten Geschäft.

Geeignet für:

- Brainstorming zur Situationsklärung
- Auflistung möglicher Ursachen für ein Problem
- Reklamationsgespräch
- Situationsanalyse
- Sammlung von Stör- und Fehlerquellen
- Basis für eine anschließende Lösungsfindung

4MAT-System

Dieses Template, dessen Basis das 4MAT-System der Lernforscherin Bernice McCarthy ist, sowie seine Anwendung haben wir ausführlich im Kapitel „Lösung" beschrieben. Es bedient das Bedürfnis unterschiedlicher Kundentypen nach Information.

Während einem Kunden Zahlen, Daten und Fakten zu einem Thema/einem Produkt/einer Leistung besonders wichtig sind, möchte der nächste wissen, worin sein Vorteil liegt. Ein anderer muss erst verstehen, welches Problem gelöst werden soll, und der nächste braucht Erklärungen dazu, wie etwas funktioniert.

Auch wenn es darum geht, Änderungen in Ihrer Produktpalette zu verkaufen und einen langjährigen Bestandskunden dahingehend abzuholen, dass er eine bewährte Leistung nicht mehr kaufen kann, sondern dafür eine neue, ihm noch unbekannte Leistung, bietet sich 4MAT an, weil es Ihren Kunden Schritt für Schritt an die Hand nimmt, sich auf etwas Neues/etwas Besseres einzulassen.

In dem Praxisbeispiel „Gebäudereinigung" geht es um einen Anbieter für Gebäudereinigung – die Objekt No1 GmbH – und um das Ziel, eine Klinik-Gruppe als Neukunden zu gewinnen. Eine der Herausforderungen bei der Reinigung von Kliniken liegt darin, dass die Leistung in der Regel unter den Augen der Patienten erfolgt – anders als bei Bürokomplexen, in denen meist nach Feierabend gereinigt wird. Bei Patientenbefragungen – die für Krankenhäuser und Kliniken mittlerweile schon zum Standard gehören – steht neben der ärztlichen Versorgung, dem Essen und der Freundlichkeit der Mitarbeiter für den Patienten auch die Wahrnehmung der Reinigungsleistung stark im Fokus. Auf dem Chart hat der Verkäufer – Geschäftsführer der Objekt No1 GmbH –

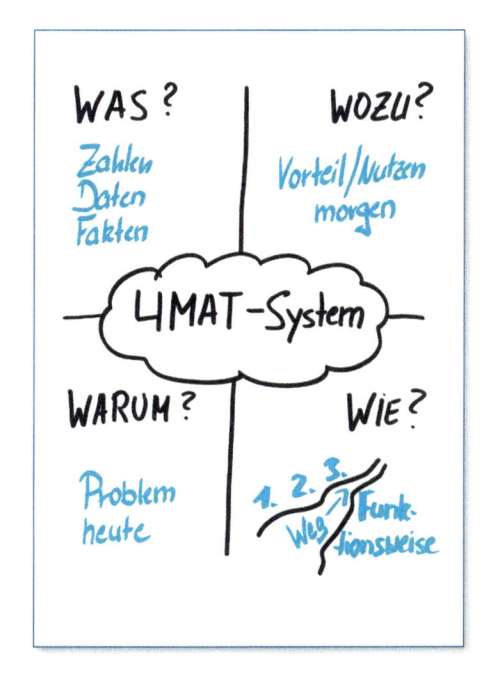

die aktuelle Problem-Situation (schlechtes Umfrage-Ergebnis und daraus resultierend ein schlechter Ranking-Platz im Vergleich zu anderen Anbietern stationärer und ambulanter Patientenversorgung) erfasst und arbeitet sauber nach dem 4MAT-System alle wichtigen Punkte heraus, die für einen möglichen Wechsel des Gebäudedienstleisters sprechen und damit für die Zusammenarbeit von Objekt No1 und den Bachstedt-Kliniken.

Geeignet für:

- Präsentation einer Lösung
- Verkauf des großen Ganzen
- Erarbeiten einer Lösung
- Ansprache im Buying-Center
- Verkauf von Produktneuheiten

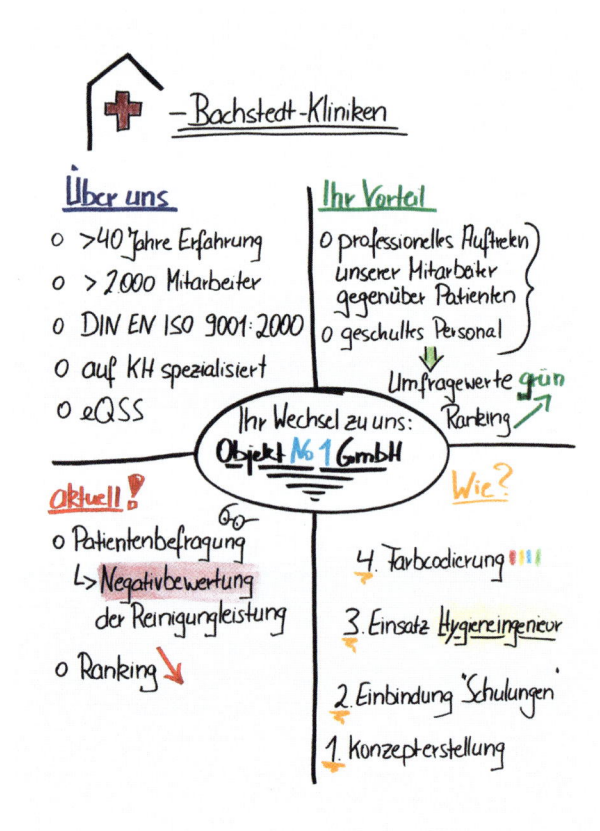

Kopfstandmethode

Diese Kreativitätstechnik von Edward de Bono können Sie auch im Rahmen Ihres FlipchartSALES verwenden: Wenn Ihr Kunde vor lauter Bäumen den Wald nicht mehr sieht und Sie zu neuen Gedankensprüngen verhelfen wollen, dann greifen Sie zum Stift und sagen Sie: „Lassen Sie uns das Problem doch mal aus einer anderen Perspektive beleuchten und uns quasi auf den Kopf stellen." Die Frage, die Sie dann mit einem Lächeln auf den Lippen formulieren, könnte folgendermaßen lauten: „Wie können Sie Ihre Kunden bestmöglich vergraulen?" Oder: „Wie verlieren wir kurzfristig an Umsatz?" Oder: „Wie schaffen wir es, dass kein Kunde unseren Laden betritt?" Oder: „Wie können wir unsere Online-Sicherheit deutlich verringern?" Der Kerngedanke dahinter lautet: „Wie können Sie das Gegenteil von dem erreichen, was Sie erreichen möchten?"

Durch diesen etwas abstrus erscheinenden Gedankensprung fällt es Ihnen in der Regel leichter, aus den gesammelten Ideen ins Gegenteil verkehrt konstruktive Lösungen abzuleiten. Diese zweite Phase ist dabei unerlässlich, um aus dem Kopfstand nützliche Maßnahmen zu produzieren: Greifen Sie also zu einem zweiten Chart und tragen Sie hier Gedanken zusammen, die Sie aus dem Kopfstand positiv ableiten können.

Geeignet für:

- Perspektivwechsel bei festgefahrenen Situationen
- Verlassen der Gedankenrille, um neue Ideen zu finden
- Lösungen aus der Umkehrung finden, die vor der Kopfstandmethode nicht gesehen wurden
- Kunden auf neue gedankliche Wege bringen
- Durch Humor Blockaden lösen

Stern

Der Stern hat von je her eine hohe Symbolkraft. Er steht unter anderem für Licht, Hoffnung, Auszeichnung oder Qualität und verleiht Ihrem Projekt einen leuchtenden, einen hochwertigen Charakter.

Mit diesem Template arbeiten Sie ähnlich wie an einer Mindmap, aber mit dem Unterschied, dass Sie vorher verschiedene Themen oder Fragen einbauen, die Sie dann gemeinsam mit Ihrem Kunden erarbeiten können.

Wieviele Themen Sie bearbeiten möchten, hängt davon ab, wieviele Spitzen Sie Ihrem Stern geben. Vielleicht möchten Sie Sternspitzen für offene Fragen nutzen: Wer? Wann? Wo? Was? Wie? Oder Ihr Thema/Projekt ist geeignet dafür, einzelne Abteilungen dort einzutragen oder um in die Spitzen die Namen der am Projekt beteiligten Personen zu schreiben. Das entscheiden Sie je nach Logik.

Geeignet für:

- Projektgeschäft
- Überblick bei Eventplanung
- Definieren von Verantwortlichkeiten
- Ganzheitliche Erfassung von Projektthemen

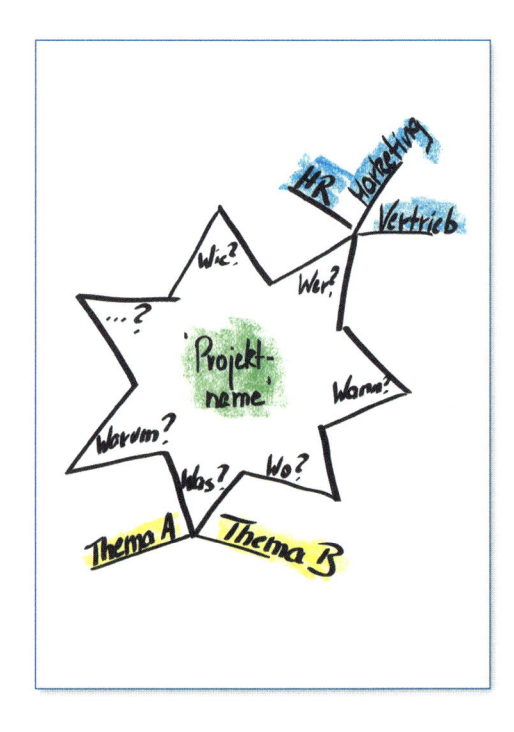

Schnittmenge

Dieses Template erleichtert die Visualisierung von Gemeinsamkeiten. Nehmen wir als Bespiel das Thema „Zielgruppe". Der Prozess der Zielgruppendefinition in der Gründungsphase eines Unternehmens oder vor dem Launch eines neuen Produktes ist Voraussetzung für die Entwicklung der daraus folgenden Marketing- und Vertriebsstrategie. Mit diesem Tool erleichtern Sie Ihrem Gegenüber das Verständnis für die Fokussierung auf die relevante Zielgruppe.

Wenn Ihre Dienstleistung beispielsweise in der Beratung von Unternehmen besteht, richten Sie mit diesem Tool den Fokus auf die Ausrichtung Ihres Kunden und können dann gezielt auf diejenige Schnittmenge eingehen, um die es Ihnen im Verkaufsgespräch geht.

Ein anderes Beispiel: Sie verkaufen den Einsatz von Projektteams. Dann dient das Template Schnittmenge dazu, die einzelnen Skills (Merkmale), die die jeweiligen Mitglieder eines Teams mitbringen, aufzuzeigen und Gemeinsamkeiten zu visualisieren.

Oder: Sie möchten Ihre Produktpalette erweitern oder haben dies bereits getan, so lässt sich für Ihren Kunden einfach visualisieren, welche Punkte Ihre Produkte teilen und in welchen Punkten sie voneinander abweichen.

Geeignet für:

- Zielgruppendefinition
- Zusammenstellen von Projektteams
- Erweiterung der Produktpalette
- Beleuchten bestehender Teams

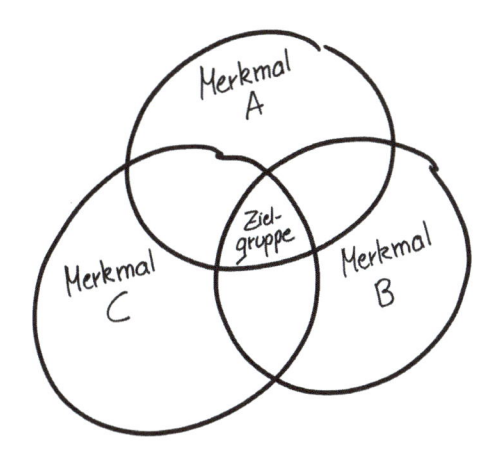

4 E – Entwickeln

„Aus eckig mach' rund"

Diese Vorlage dient der Visualisierung von Ist-Zuständen in Bereichen, in denen es noch nicht „rund" läuft und damit auch noch nicht so erfolgreich wie gewünscht.

Basis dieses Templates sind Pfeile, die je nach „Ausstattung" mehr oder weniger dynamisch wirken und als Überschrift fungieren, um darunter Inhalte zu sammeln.

Links positionieren Sie einen Bereich, der noch nicht fließt und statisch wirkt.

Die Dynamik des Pfeils auf der rechten Seite eines Charts – ausgelöst durch die Bewegungslinien und die schwungvollen Kreise, die an Räder erinnern – gibt Ausblick auf einen attraktiven Zielzustand.

Dieses Template lässt sich enorm einfach im Verkaufsgespräch zeichnen und dann gemeinsam mit Ihrem Kunden füllen.

Arbeiten Sie mit der linken Seite zuerst, und wenn Ihr Kunde die Schwachstellen kennt, finden Sie anschließend auf der rechten Seite geeignete Teillösungen.

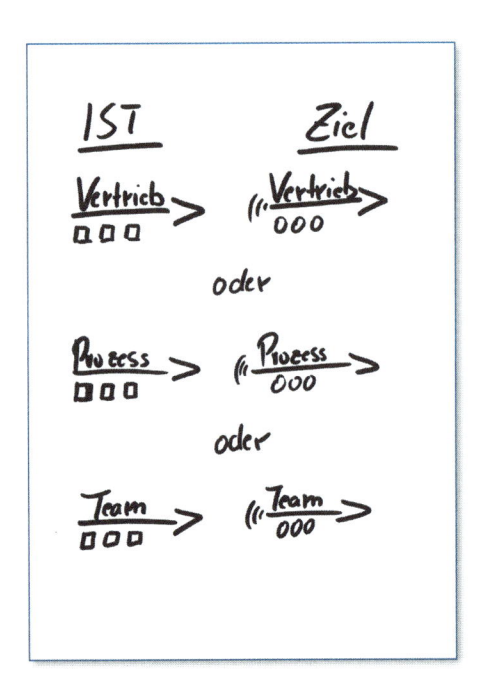

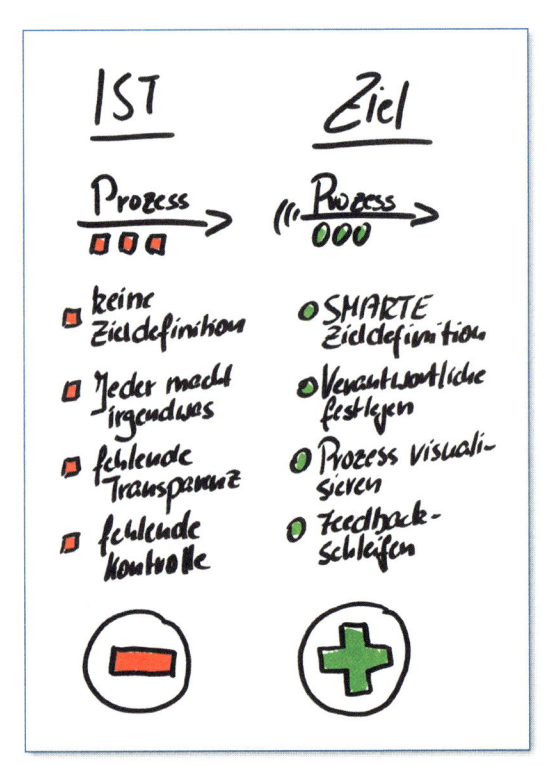

Beginnen Sie mit der rechten Seite, wenn Ihrem Kunden klar ist, welche Erfolgsfaktoren zum Ziel führen. Finden Sie im Anschluss auf der linken Seite heraus, wo die Defizite liegen.

Die Themengebiete, für die Sie diese Vorlage nutzen können, sind vielfältig, ob es um den Vertrieb geht, der noch nicht genug PS auf die Straße bringt, um Prozesse, die noch zu fehleranfällig sind, oder um Teams, die es gilt erfolgreicher zu machen. Dieses Template lässt sich für verschiedenste Analysen einsetzen.

Geeignet für:

- Schnelle Visualisierung von Schwachstellen
- Einfache Visualisierung des gewünschten Ziels
- Einstieg in ein Thema
- Bewusstmachen von Aspekten

Diagonale

Für Sie als Verkäufer muss die Integration eines Flipcharts in den Termin einfach sein. Es soll schnell gehen und wie nebenbei passieren, wenn Sie etwas skizzieren möchten.

Wenige Templates sind leichter „aufzubauen" als dieses, die Diagonale:

Zunächst geben Sie Ihrem Chart einen Titel, dann unterteilen Sie es mit einem langen Strich in zwei Dreiecke und geben beiden Teilen eine Überschrift wie z.B:

> Heute – Morgen
> Problem – Lösung
> Ist-Situation – Unsere Empfehlung

Welches Überschriftenpaar Sie wählen, hängt von Ihrem Kontext ab. Dann füllen Sie die beiden Dreiecke gemeinsam im Gespräch mit Ihrem Kunden aus.

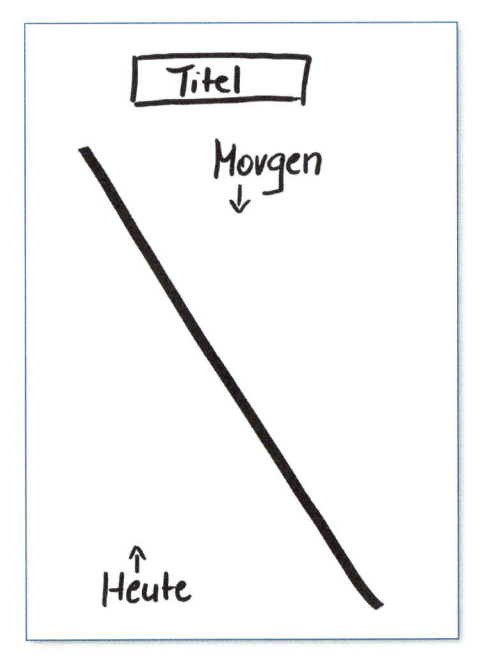

In dem Praxisbeispiel „Katalog-APP" sehen Sie das Chart einer Account-Managerin für Telekommunikation. In der Verkaufssituation, um die es geht, interessiert sich ein Bestandskunde – ein bundesweiter Anbieter von Büromöbeln – für eine neue Lösung zum Thema „Kataloge".

Seit Jahren ist der Außendienst des Büromöbelanbieters Office Today GmbH mit Katalogen in Papierform vor Ort bei seinen Kunden. Die Nachteile, die diese veraltete Lösung mit sich bringt, listet die Verkäuferin im linken Dreieck auf und parallel dazu präsentiert sie auf der rechten Seite ihre zeitgemäße, effiziente Empfehlung. Übersichtlich und auf einen Blick sind hier die wesentlichen Punkte für den Kunden visualisiert.

Geeignet für:

- Schnelle Visualisierung von Kernpunkten
- Einfaches Template für Gegenüberstellungen
- Schnelle Strukturgebung

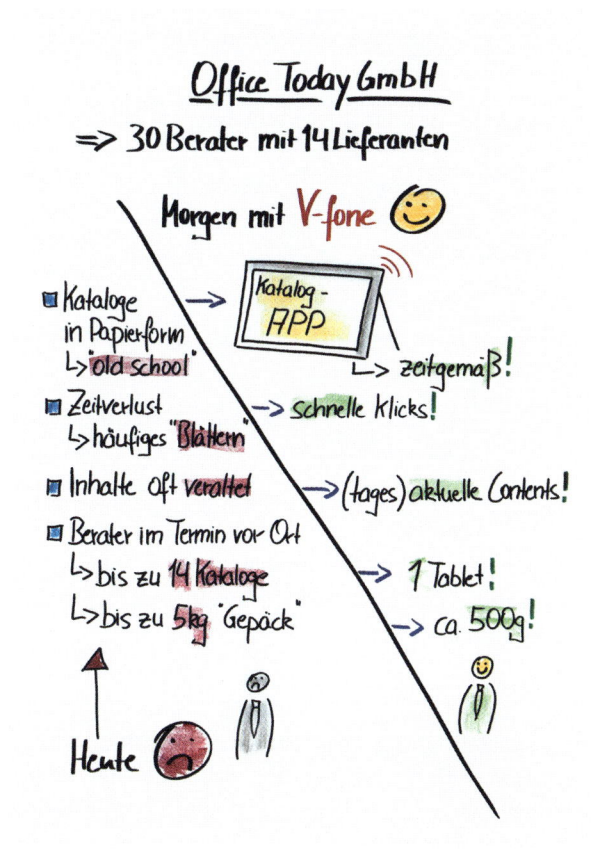

SWOT

Die SWOT-Analyse ist ein beliebtes Tool im strategischen Management. In den 1960er Jahren entwickelt an der Harvard Business School, wird es gerne in der Beratung von Unternehmen verwendet, wenn es um die Entwicklung von Marketingstrategien geht.

Das englische Akronym **SWOT** steht für:

Strengths = Stärken
Weaknesses = Schwächen
Opportunities = Chancen
Threats = Risiken

Warum dieses bekannte Instrument nicht einmal anders einsetzen: für Ihren Verkauf.

Sie können SWOT in der klassischen Variante zeichnen: Quadrat mit zwei Strichen in 4 Felder unterteilt, oder Alternativen für den Aufbau wählen: z. B. Thema mittig platziert und SWOT als „Arme" und „Beine" davon abgehend à la Mindmap.

Es ist auch nicht unbedingt nötig, dass Sie die 4 Felder immer mit den Überschriften Stärke-Schwäche-Chance-Risiko versehen, wie das Praxisbeispiel „Betriebshaftpflicht" zeigt.

Hier geht es um die Versicherung VKV, die für einen Geschäftskunden maßgeschneiderte Tarife bietet – in diesem Fall für ein Unternehmen aus der Holzverarbeitung. Die Versicherungsmaklerin hat sich hier für die klassische Aufteilung einschieden und dafür gesorgt, dass der bestehende Versicherungsschutz (der Wettbewerb) auf der linken Seite mit seinen Stärken und

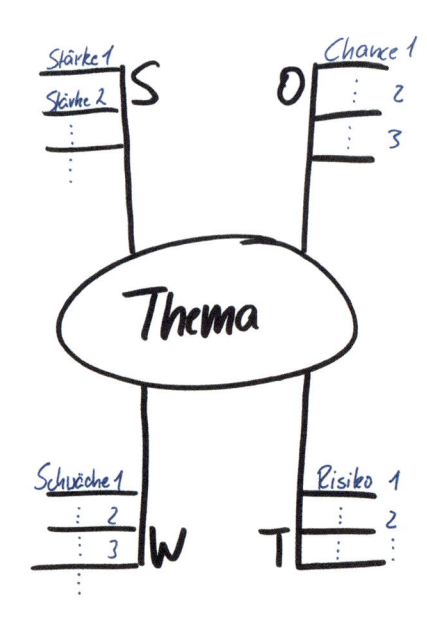

Schwächen zu sehen ist und der bestenfalls zukünftige Versicherungsanbieter – die VKV – mit seinen Chancen und Risiken auf der rechten Seite erscheint. Um den Wettbewerber nicht unnötig positiv darzustellen, hat sie oben links als Überschrift statt „Stärken" den neutralen Begriff „Versicherung aktuell" gewählt und Stärken dazu gewählt, von denen sie weiß, dass die VKV diese auch abdecken kann.

Auf der anderen Seite hat sie als Risiko, das bei einem Wechsel auf die VKV zu bedenken wäre, eines gewählt, welches tatsächlich eher branchentypisch ist und von Kunden in der Regel bedenkenlos in Kauf genommen wird.

Eine pfiffige Vorgehensweise – denn ein Risiko bewusst anzusprechen bedeutet, dem Kunden gegenüber Offenheit und Transparenz zu zeigen. Auf der anderen Seite ist das Risiko aber so kalkulierbar, dass es einem Abschluss wahrscheinlich nicht im Weg stehen wird.

Geeignet für:

- Den selbstbewussten Auftritt
- Bewusst Transparenz zeigen: Ansprechen von möglichen Risiken
- Einsatz bei Kunden, die selbst gerne mit Analyse-Tools arbeiten

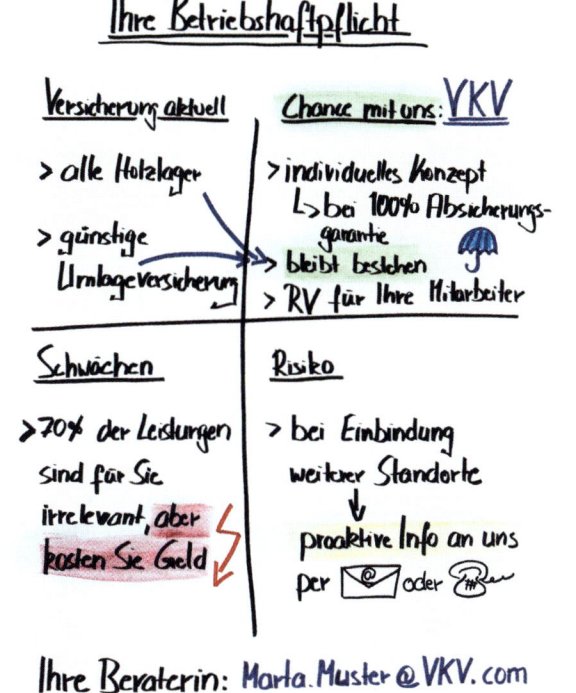

5 S – Symbole aus der B2B-Welt

Bisher haben Sie das Handwerkszeug erhalten, mit dem Sie von der Idee bis zur Umsetzung das Flipchart als Verkaufsinstrument in Ihr Verkaufsgespräch integrieren können.

Im Folgenden finden Sie eine Auswahl wichtiger Symbole, die Ihnen in Ihrem B2B-Alltag eine starke Basis geben, um Ihre Charts bildlich zu unterstreichen oder bestimmte Aspekte symbolisch auszudrücken. Einen wütenden oder einen begeisterten Kunden mit wenigen Strichen zu zeichnen ist nun mal eindringlicher, als über diese nur zu sprechen oder sie durch ein Kreuz auf dem Chart darzustellen.

Im ersten Teil sind branchenunabhängige Symbole zusammengefasst, im Weiteren sind Beispiele für konkrete Branchen zu finden. Blättern Sie ruhig durch alles durch, denn vielleicht finden sich auch Symbole in anderen Branchen, die sich für Ihren Kontext eignen oder variieren lassen. Viele Symbole können unterschiedlich interpretiert werden, so dass Sie durchaus auch in unterschiedlichen Kontexten verwendet werden können. Das Schloss z.B. kann sowohl ganz konkret das Schloss zum Ab- oder Aufschließen kennzeichnen als auch abstrakt für Sicherheit, z.B. einer Firewall oder einer Geldanlage, stehen. Die Waage kann sowohl für den Vergleich von Alternativen stehen als auch dafür, zwei Dinge in eine Balance miteinander zu bringen. Scheuen Sie sich nicht, eigene Einsatzgebiete zu finden und individuell einzusetzen. Ihr Kunde wird aus dem Kontext heraus und begleitet durch Ihre Erklärung dann die gewünschte Interpretation vornehmen.

5.1 Universell Einsetzbares

Diese Symbole können Sie branchenunabhängig verwenden. Von der Leiter über verschiedene Formen, das Unternehmen Ihres Kunden darzustellen, bis hin zu Symbolen für die Glühbirne als Idee oder den Blitz für offene Punkte oder Schwachstellen finden Sie hier eine Auswahl an Symbolen, die in fast jedem Verkaufsgespräch ihren Einsatz finden können.

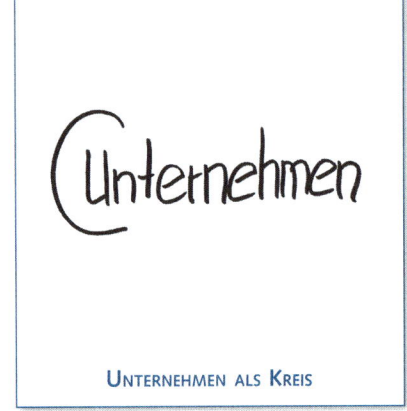

Unternehmensdarstellung als Haus	Fabrikgebäude mit Rauch	Zwei Unternehmen mit Schnittmengen
Zwei Personen mit Firmenschild	Unternehmen als Kreis	Fabrikgebäude mit Namensschild

UNTERNEHMEN IM HAIFISCHBECKEN	UNTERNEHMEN MIT BLICK VON AUSSEN	LUPE MIT FRAGEZEICHEN
LUPE MIT BALKENDIAGRAMM	URKUNDE	MEDAILLE AN KETTE

5.1 Universell Einsetzbares

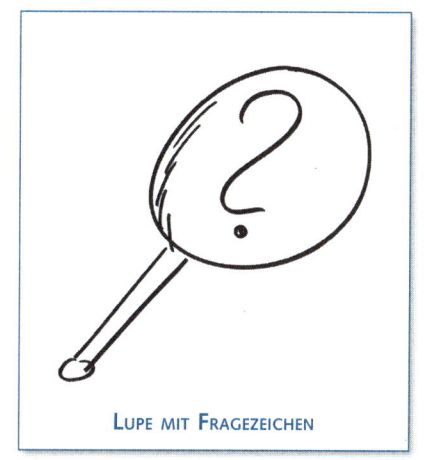

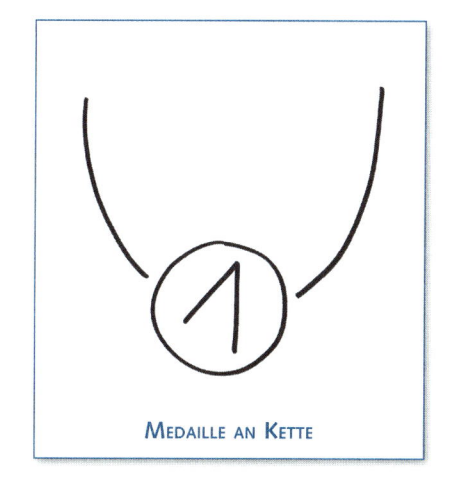

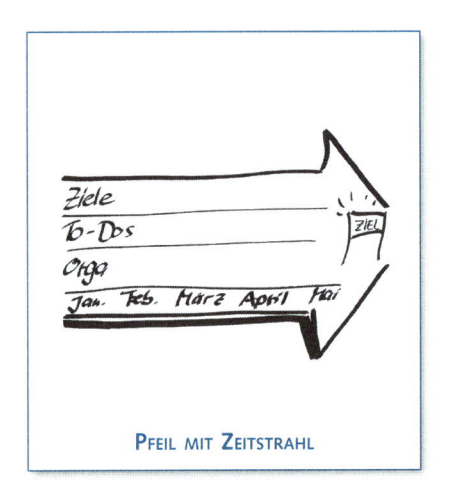

Blatt mit Paragraphenzeichen	**Urkunde mit Text**	**Pfeil mit Zeitstrahl**
Leiter mit Pfeil	**Leiter mit Strahlen**	**Komfortzone verlassen**

5 S – Symbole aus der B2B-Welt

Wachstum I	Wachstum II	Hürde überwinden
Waage	Waage mit Haus und Geld	Umsatzpfeil

5.1 Universell Einsetzbares

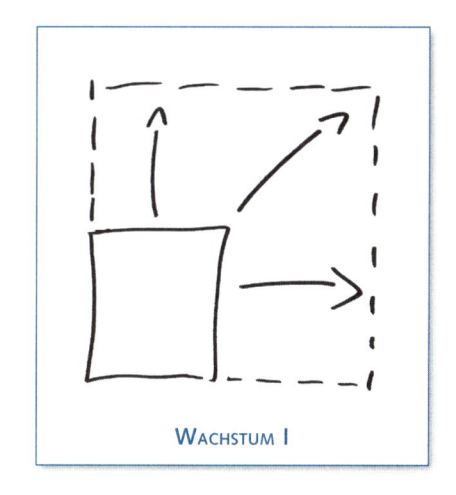

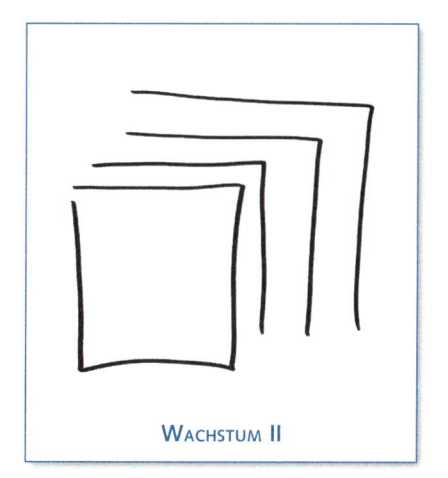

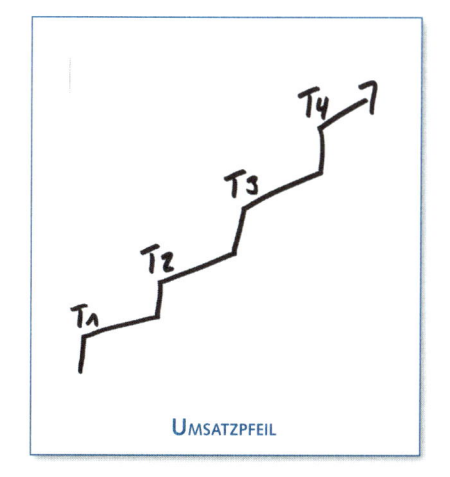

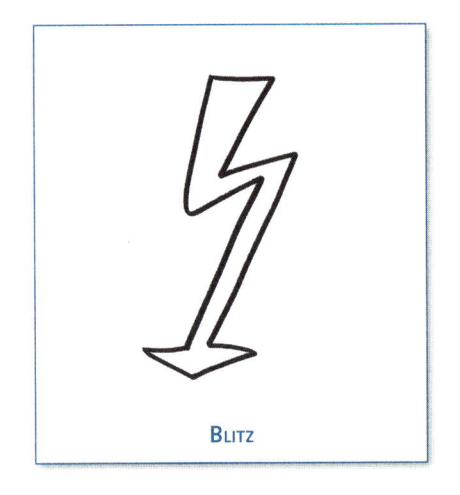

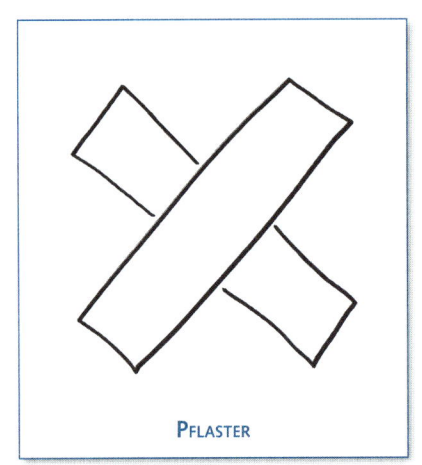

Blitz	**Pflaster**	**Risikodreieck**
Fragezeichen	**Ausrufezeichen**	**Einbahnstrassenschild**

5 S – Symbole aus der B2B-Welt

Sanduhr	Haus, angedeutet mit Sonne	Schere
Gefahr	Produktionslinie	Chaos wird zu Struktur

5.1 Universell Einsetzbares

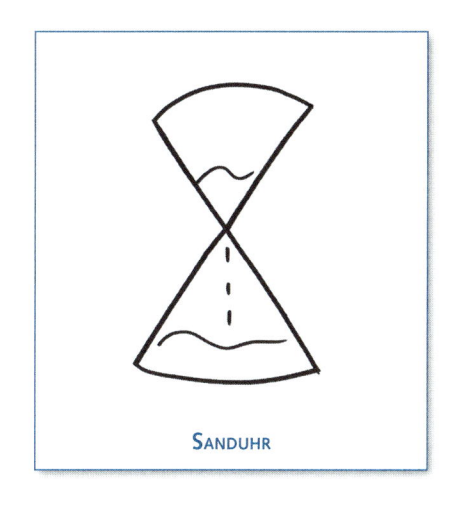

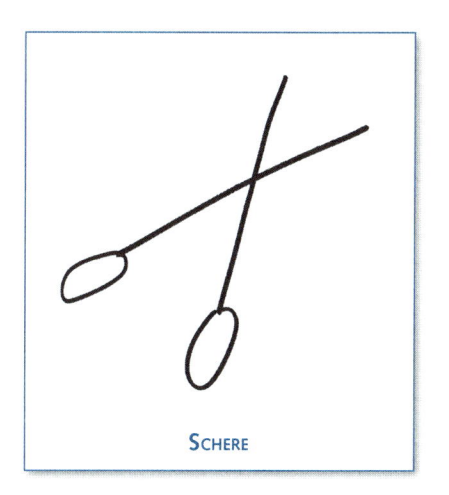

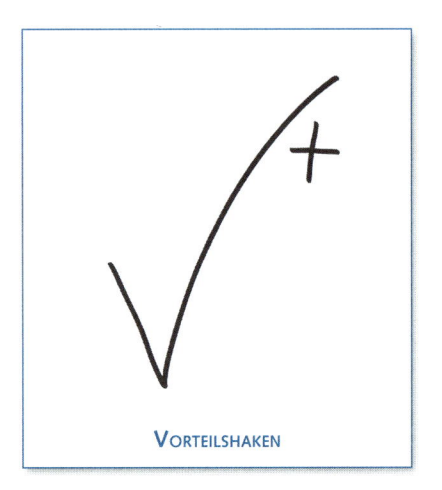

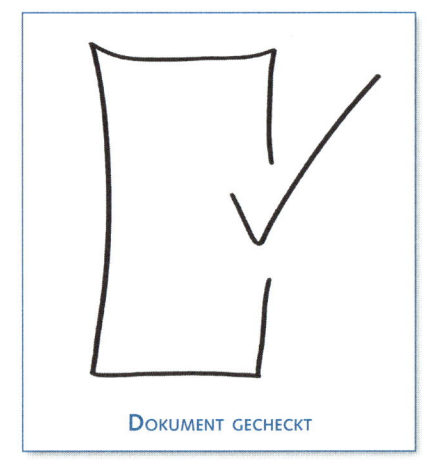

PUNKTLANDUNG	VORTEILSHAKEN	DOKUMENT GECHECKT
SCHILD NEGATIV	SCHILD POSITIV	WAAGE ALS MENSCH

5 S – Symbole aus der B2B-Welt

Kosten stabilisieren	Wegweiser mit drei Schildern	Rückblick-Loop
Produktpalette erweitern	Team vergrössern	Kopfstandmethode

5.1 Universell Einsetzbares

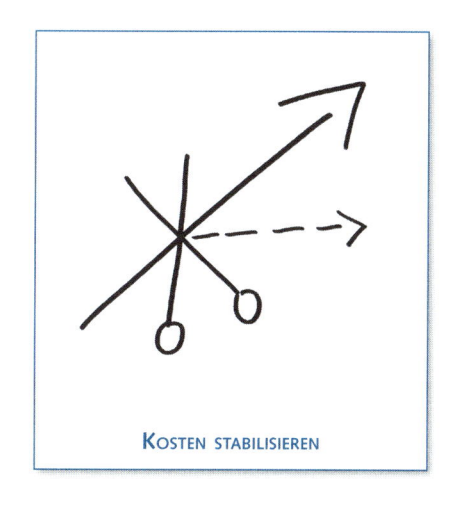

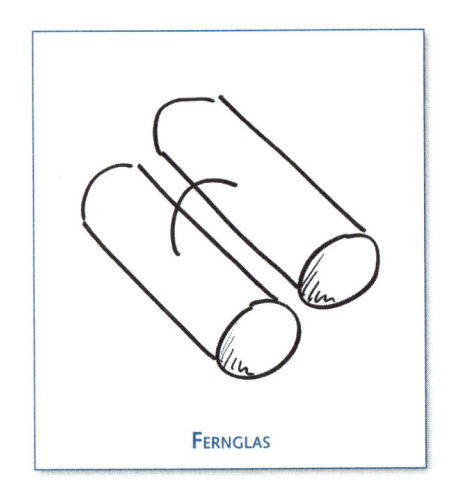

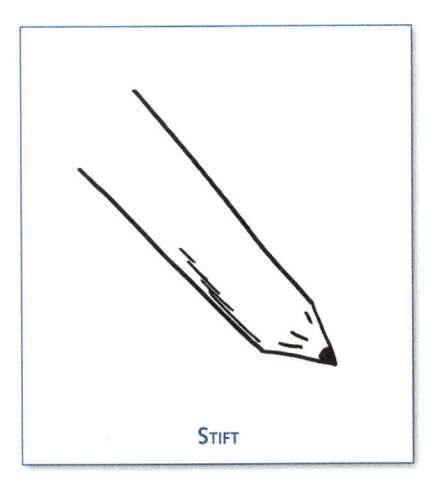

FERNGLAS	GLÜHBIRNE	ZEITERSPARNIS-STÜCKCHEN
STIFT	HAMMER + NAGEL	REGENSCHIRM

5 S – Symbole aus der B2B-Welt

5.2 Aufzählungszeichen

Aufzählungszeichen sind ein grundlegendes gestalterisches Element, mit dem Sie auch dann Ordnung und Struktur schaffen können, wenn Sie darüber hinaus nicht mit Symbolen arbeiten. Wenn Sie eine Überschrift, lesbare Schrift und eine klare Struktur durch Aufzählungszeichen verwenden, haben Sie ein vernünftiges Chart erstellt, das sich sehen lassen kann. Vor allem, wenn Sie sich bewusst für ein passendes Aufzählungszeichen entscheiden: Bei den folgenden Beispielen sehen Sie, dass Sie ganz unterschiedliche Varianten nutzen können.

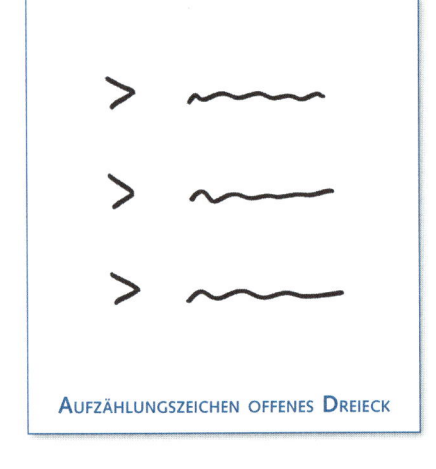

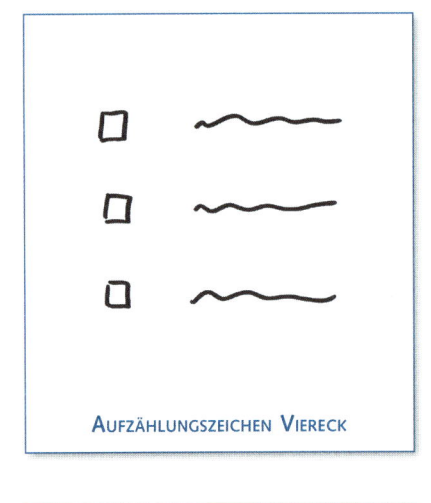

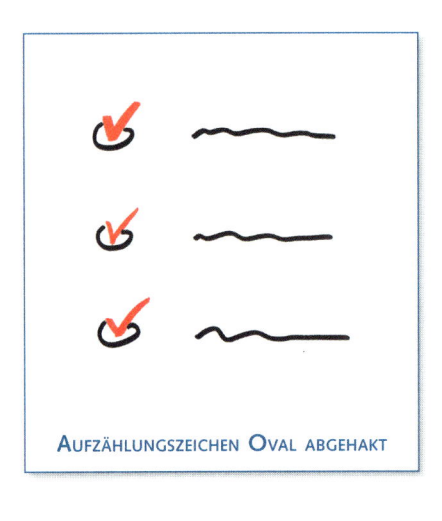

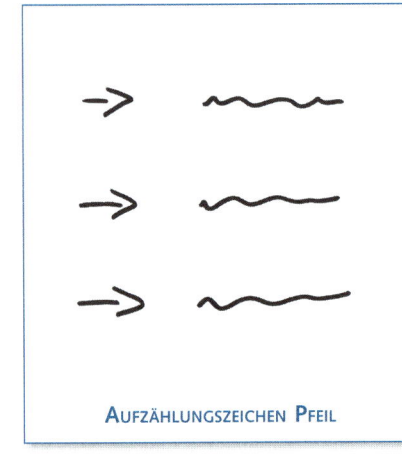

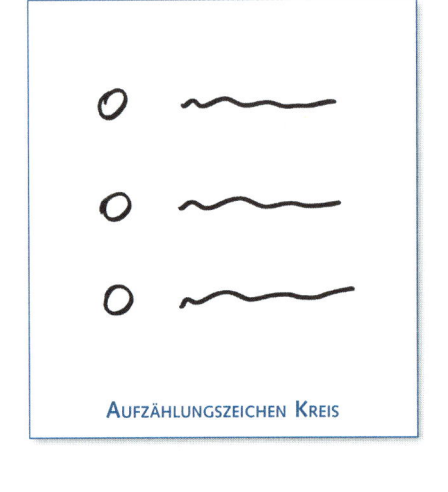

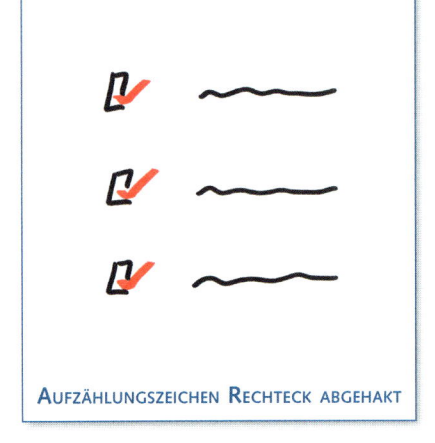

AUFZÄHLUNGSZEICHEN OFFENES DREIECK	AUFZÄHLUNGSZEICHEN VIERECK	AUFZÄHLUNGSZEICHEN OVAL ABGEHAKT
AUFZÄHLUNGSZEICHEN PFEIL	AUFZÄHLUNGSZEICHEN KREIS	AUFZÄHLUNGSZEICHEN RECHTECK ABGEHAKT

5.3 ViVe = Visuelle Verpackung

Die ViVe – Visuelle Verpackung – bietet die Option, schlichten Text attraktiver aufzubereiten. Durch eine schnelle Umrandung in Form eines Vierecks, eines Kreises oder einer Sprechblase geben Sie Ihrem Chart Struktur und Anschaulichkeit. Vielleicht passt zum Thema auch besser eine Wolke, ein Achtung-Schild oder ein Koffer: All diese Symbole bestehen aus den Ihnen schon bekannten Grundformen und lassen sich schnell und unkompliziert zeichnen.

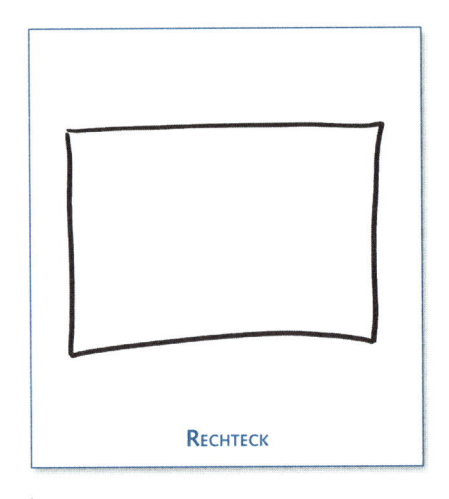

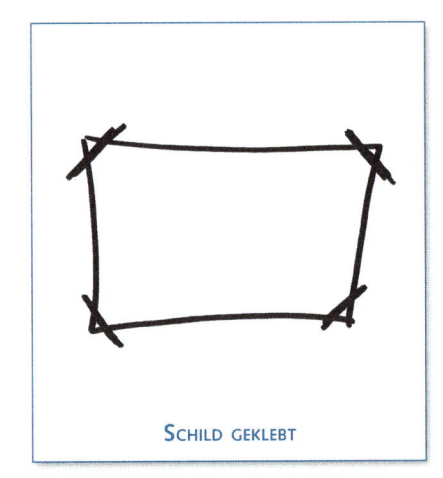

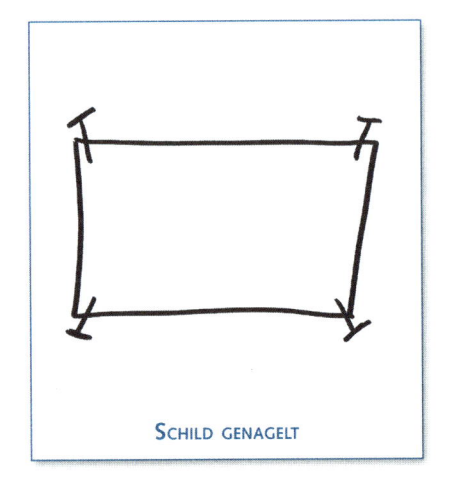

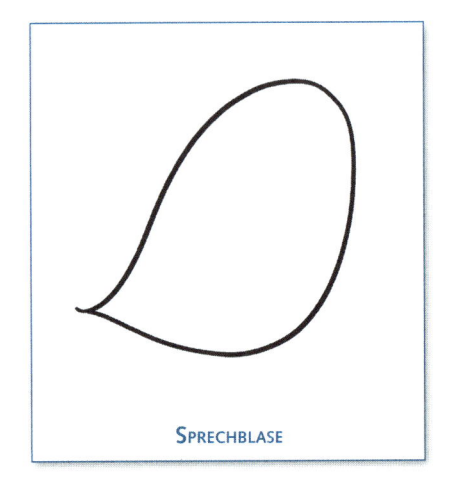

Rechteck	Schild geschraubt	Schild geklebt
Schild genagelt	Achtung-Schild	Sprechblase

5 S – Symbole aus der B2B-Welt

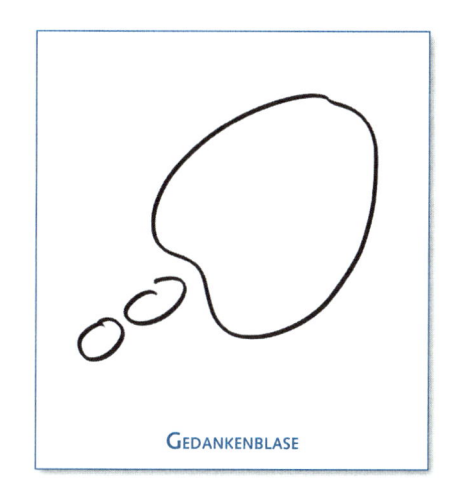

Gedankenblase	Strassenschild 1 Pfahl	Strassenschild 2 Pfähle
Wolke	Wolke invers	Pfeil mit Text

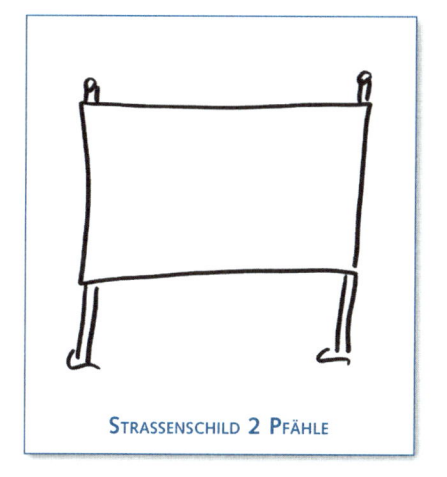

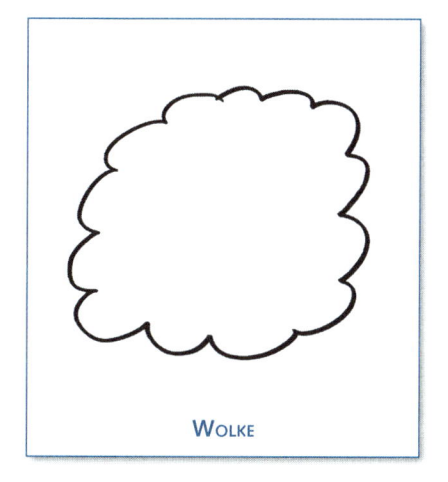

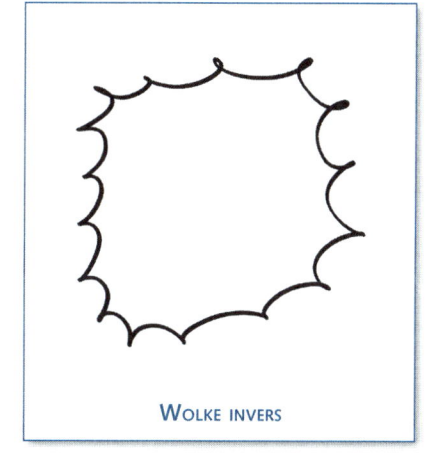

5.3 ViVe = Visuelle Verpackung

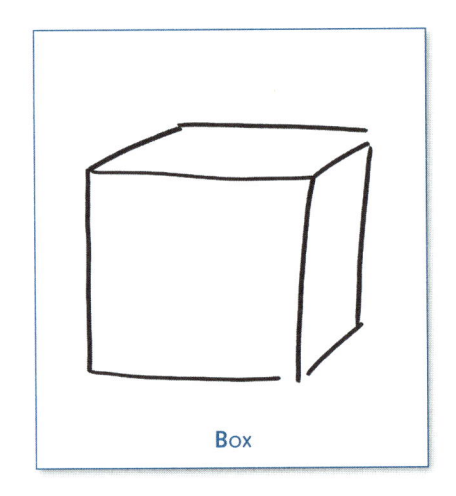

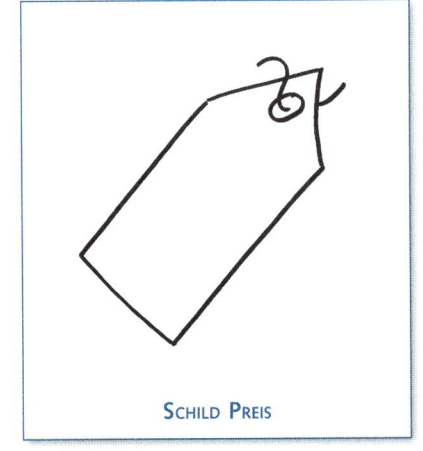

Box	Koffer	Pfeil nach unten
Geschenk	Schild Preis	Sack

5 S – Symbole aus der B2B-Welt

ZETTEL ABGERISSEN	SPRECHBLASE FLÜSTERN	SPRECHBLASE QUADRAT
SPRECHBLASE HERZ	SPRECHBLASE MIT STERNCHEN	EXPLOSIVE SPRECHBLASE

5.3 ViVe = Visuelle Verpackung

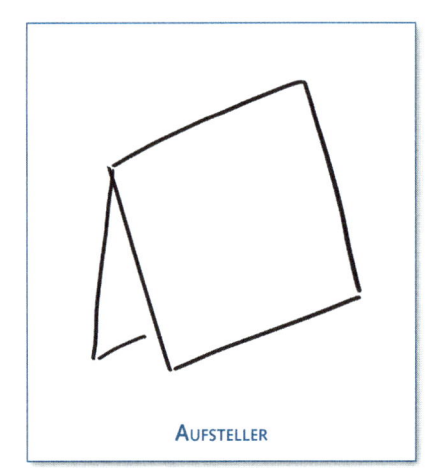

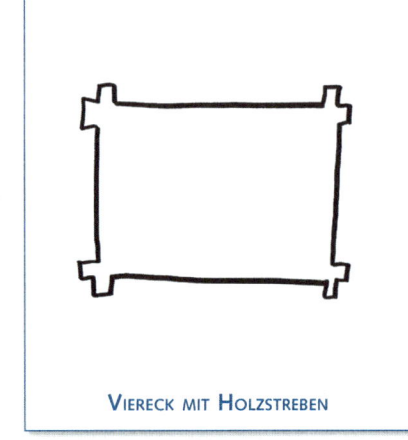

QUADRAT MIT PFEILEN	AUFSTELLER	SCHILD AUF PFAHL
BLATT UMGEKNICKTE ECKE	VIERECK MIT HOLZSTREBEN	DOKUMENT

5 S – Symbole aus der B2B-Welt

WEGWEISER EIN SCHILD	WEGWEISER DREI SCHILDER MIT GRAS	LUFTBALLON
TESAFILM	BILD AUFGEHÄNGT	QUADRAT MIT NUMMER

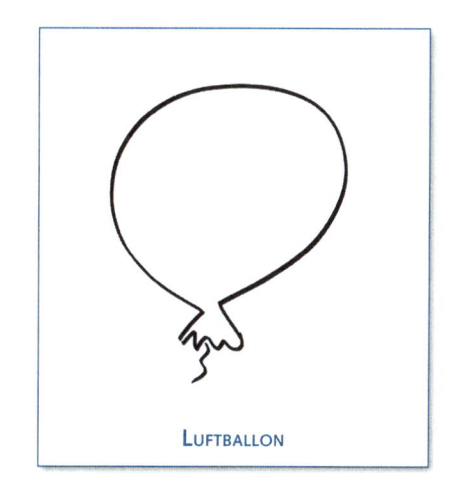

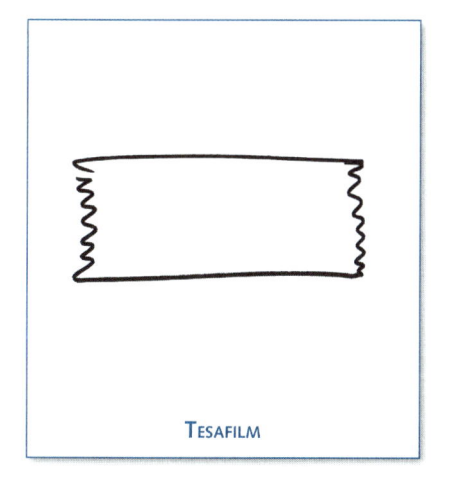

5.3 ViVe = Visuelle Verpackung

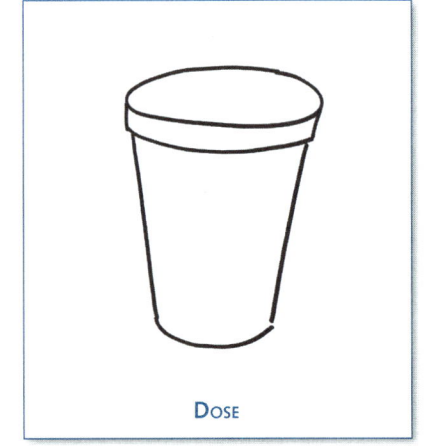

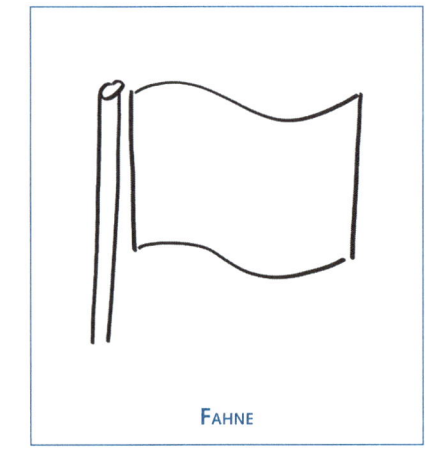

HANDTASCHE	**SCHILD ORTSSCHILD ENDE**	**PUZZLE**
ADDITION MIT ERGEBNIS	**DOSE**	**FAHNE**

5 S – Symbole aus der B2B-Welt

5.4 Pfeile

Auch Pfeile haben eine weite Bandbreite der Darstellung. Vom ganz schlichten Pfeil über eine Spirale, ein lächelndes Gesicht bis hin zu einem Pfeil, der ein Problem umgeht, stehen Ihnen unterschiedliche Optionen zur Verfügung. Ebenso wie die ViVe bestehen Pfeile aus den Grundformen und sind schnell zu zeichnen. Sie eignen sich gut, um ViVes miteinander zu verknüpfen und dadurch ein System, ein Netzwerk mit Bezügen entstehen zu lassen.

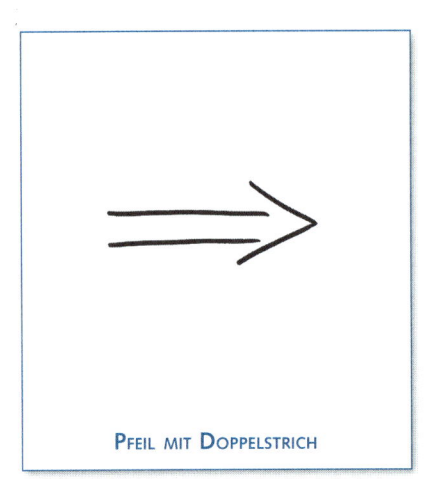

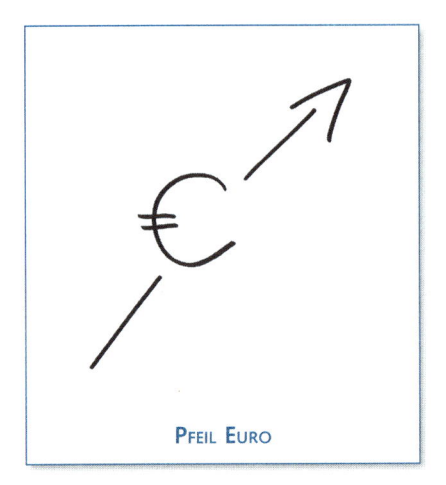

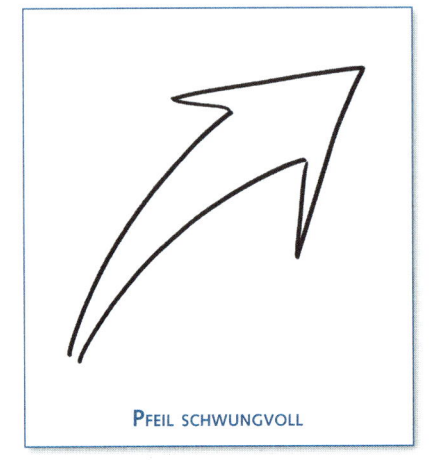

Pfeil einfach mit Dreieck-Spitze	Pfeil mit Doppelstrich	Pfeil Euro
Pfeile gerade mit Text	Pfeil schwungvoll	Pfeil von Dick nach Dünn

5 S – Symbole aus der B2B-Welt

Pfeil am Stab	Pfeil Spirale nach oben	Pfeile, ineinander greifend
Pfeil umgeht Problem	Pfeil gerade mit Gesicht	Pfeil schwungvoll freundlich

5.4 Pfeile

5.5 Personen

Im Folgenden finden Sie leicht zu zeichnende Figuren, die im Wesentlichen aus den Grundformen zusammengesetzt sind. Wir haben uns hier größtenteils für eine Variante entschieden, die besonders schnell zu erstellen ist: Ein Kreis, ein offenes Oval und fertig ist der Mensch. Durch das Hinzufügen kleiner Elemente wird aus der Grundform die Darstellung einer Berufskategorie oder gelangen Figuren in Kontakt miteinander. Die letzten sechs Symbole in diesem Kapitel zeigen alternativ die „Kartenmännchen". Bei diesen bestehen der Korpus aus einem länglichen Rechteck und die Extremitäten aus Strichen.

Alle Figuren können Sie je nach Aussage ohne Gesicht zeichnen oder auch mit den Mimiken ausstatten, die im Kapitel Mimik auf Seite 73 dargestellt sind. Wenn es Ihnen auf die Emotionalität der Situation oder auf Beziehungen zwischen Menschen ankommt, sind Mimiken eine hilfreiche Ergänzung. Wenn es Ihnen mehr um Funktionalitäten, Rollen und Fachlichkeit geht, können Sie die Gesichter weglassen, weil die Zeichnung dadurch schneller und eleganter wirkt.

PERSON MIT KRAWATTE	PERSON MIT KETTE	PERSON MIT HAAREN
GRUPPE	PERSONEN ZUGEWANDT	PERSONEN ABGEWANDT

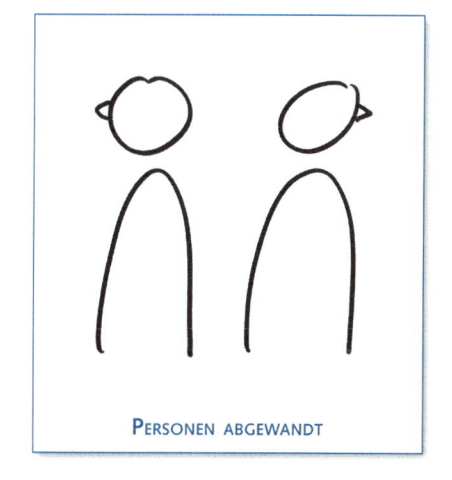

5.5 Personen

Personen im Gespräch	Personen Zielplanung	Verkäufer
Personen in Harmonie	Personen im Konflikt	Rechtsanwalt

Kunde ist König	**Krankenschwester**	**Kunde kauft ein**
Bauarbeiter	**Telefonist**	**Person lachend**

5.5 Personen

PERSON, PFEILE NACH AUSSEN	PERSON VOR ENTSCHEIDUNG	PERSON MIT AUSRUFEZEICHEN
PERSON MIT FRAGEZEICHEN	PESSIMIST	OPTIMIST

Familie	Kinder	Person Senior
Person weist nach rechts	Person grübelt	Person wütend

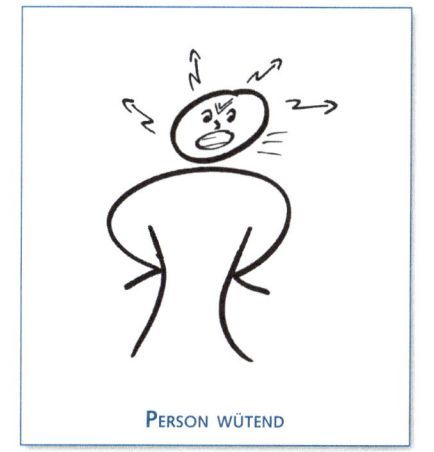

5.5 Personen

Kartenmännchen deprimiert	Kartenmännchen jubelnd	Kartenmännchen verschränkte Arme
Kartenmännchen herausfordernd	Kartenmännchen entspannt	Kartenmännchen anlehnend

5.6 Ziel

Für die Darstellung von Zielen auf Ihrem Flipchart können Sie die folgenden Symbole einsetzen. Um im Verkaufsgespräch zu visualisieren, wo die Reise hingehen soll, bieten sich diese leicht nachzuzeichnenden Symbole an. So wie alle Vorlagen, die wir Ihnen in diesem Buch anbieten, können Sie diese Symbole nach Ihren Wünschen verändern, ergänzen und mit Ihrem Text beschriften. Im Symbol „Ziel mit Kegel" können Sie zum Beispiel den Kegel durch eine Person ersetzen oder die „Schilder" auf einigen Symbolen für Ihren eigenen Text nutzen.

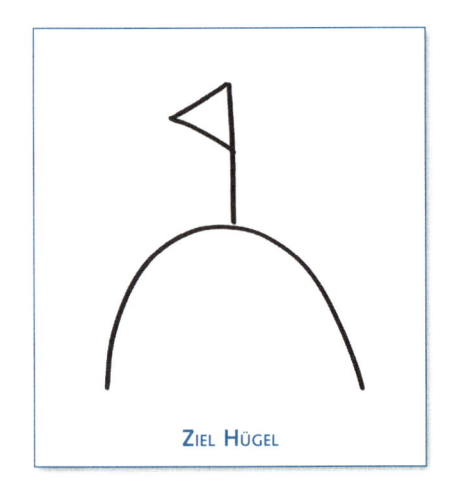

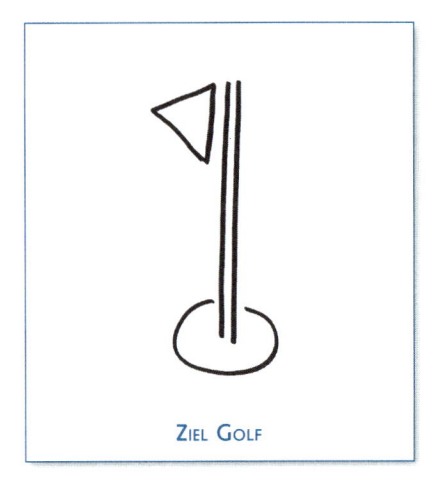

Ziel Hügel	Ziel Golf	Ziel, Google Maps
Ziel mit Kegel	Zielschild	Ziel Holzschild

ZIEL FADENKREUZ	ZIEL FOKUSSIEREN	ZIELSCHEIBE MIT PFEIL
ZIEL, PERSÖNLICHES	ZIEL PROFITCENTER	ZIEL UNTERNEHMEN

5.6 Ziel

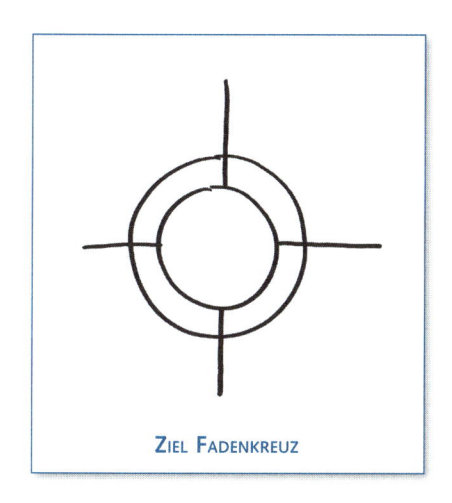

5.7 Verkauf

Natürlich verkaufen Sie im Gespräch nicht den Verkauf als solches, sondern Ihr Produkt oder Ihre Leistung. Einige Symbole der Kategorie Verkauf bieten sich dennoch an, um Ihre Charts damit zu „tunen". So können Sie beispielsweise mit dem Einsatz des Symbols „Auftrag" gleich deutlich machen, was Ihr Ziel für das Verkaufsgespräch ist, und Ihrem Kunden nach mündlicher Auftragszusage den Stift in die Hand geben, um ihn symbolisch auf dem Flipchart unterschreiben zu lassen. Danach setzen Sie Ihre Unterschrift darunter und der Deal ist gemacht.

VERTRAG	AUFTRAG	B2B-GESCHÄFT
DOLLARHERZ	GEWINN GEHT AUS DEM BLATT	BALKENDIAGRAMM PFEIL NACH OBEN

5.7 Verkauf

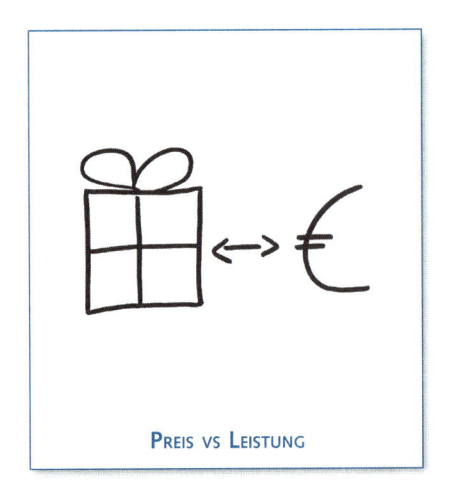

ANGEBOTSPAKET	**PRODUKT / DIENSTLEISTUNG**	**PREIS VS LEISTUNG**
ORTSSCHILD PROFIT	**ZEITERSPARNIS-KUCHEN**	**EURO-KUCHEN**

For Sale	Bestseller	Sold
Offer	Hot Deal	Big Business

5.7 Verkauf

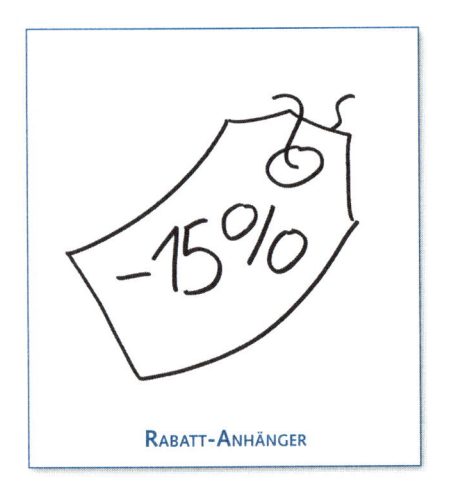

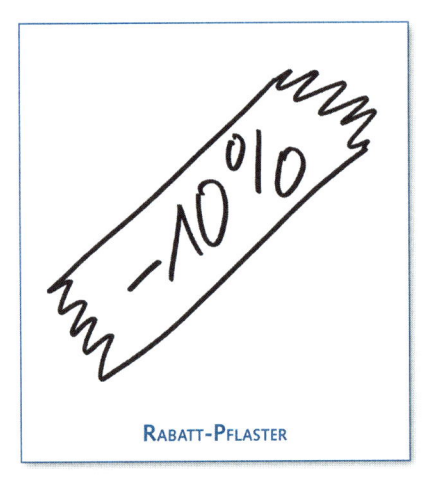

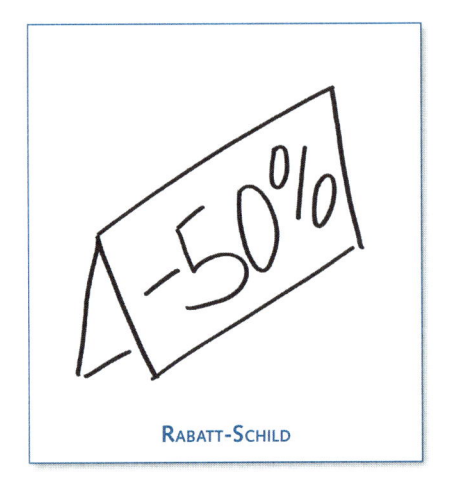

RABATT-ANHÄNGER	RABATT-PFLASTER	RABATT-SCHILD
DEAL	EURO AUF SIEGERPODEST	RABATT-PLATSCH

5 S – Symbole aus der B2B-Welt

Geldgewinner	Geldsack	Provisionsmodell
Zinssatz sinkt	Zinssatz steigt	Akquise

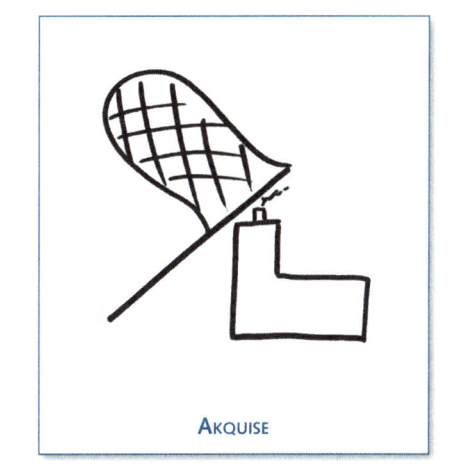

5.7 Verkauf

5.8 IT und Telekommunikation

IT- und Telekommunikationslösungen sind häufig komplex. Gerade durch diese Komplexität besteht die Gefahr, Ihren Kunden zu überfordern. Der IT-Verkäufer auf der einen Seite ist in der Regel sattelfest in seinen Themen, der Kunde auf der anderen Seite ist mit diesen Themen – sofern nicht selbst IT-affin – weniger vertraut. Kunden möchten die Sicherheit, dass IT- und Telekommunikation sie in ihrem eigenen Tagesgeschäft optimal unterstützen, ohne sich dabei Detailwissen über die Funktionalität aneignen zu müssen. Trotzdem sollen sie entscheiden, welche Lösung oder Innovation am Markt für sie in Frage kommt. Die folgenden Symbole können dabei helfen, IT-Themen auch für Laien verständlicher zu machen.

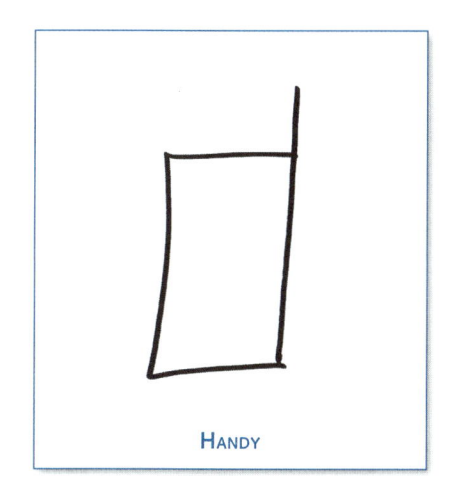

Handy	Smartphone	Tablet
Festnetztelefon 1	Festnetztelefon 2	Festnetztelefon 3

5.8 IT und Telekommunikation

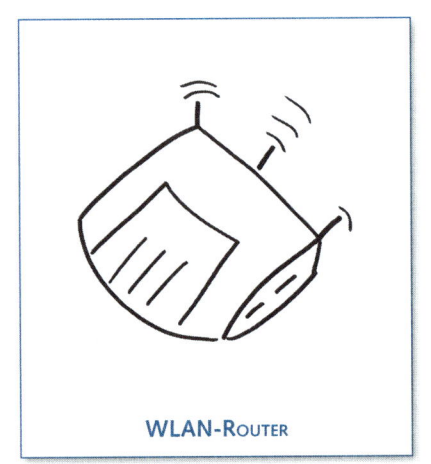

LAPTOP	LAPTOP ONLINE	BILDSCHIRM MIT TASTATUR
WLAN-ROUTER	TELKO-PROVIDER	SICHERHEITSSCHLOSS

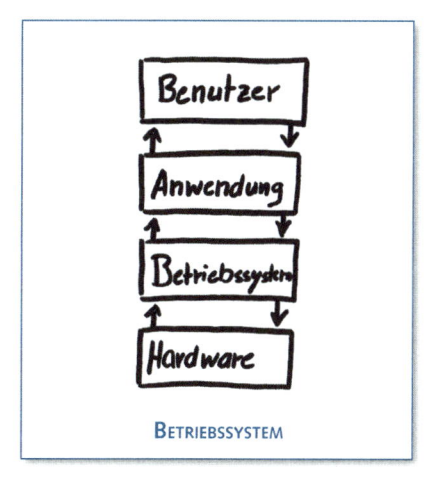

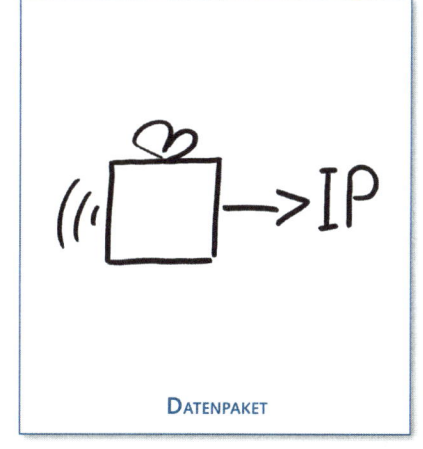

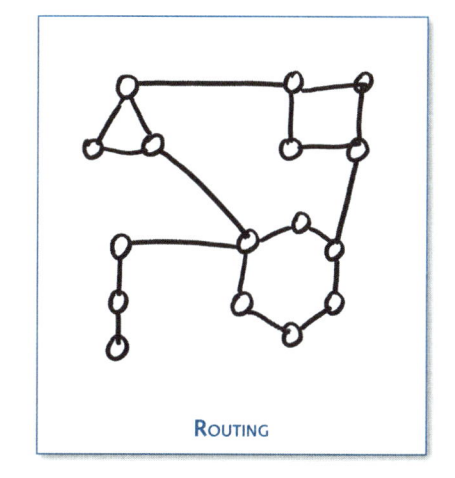

Frontend/Backend	**Betriebssystem**	**IT-Zertifikat**
IP-Adresse	**Datenpaket**	**Routing**

5.8 IT und Telekommunikation

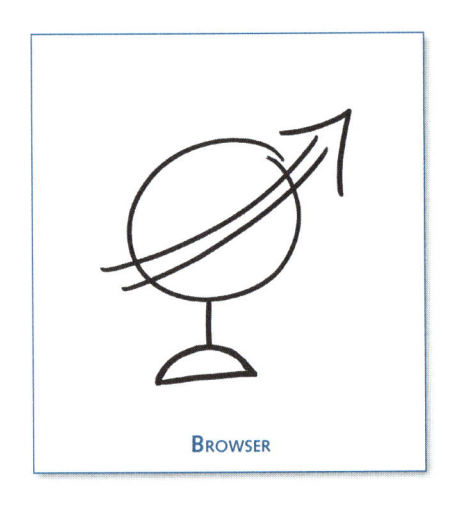

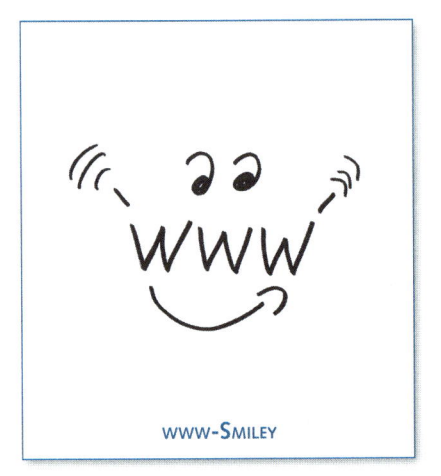

Browser	Internet	Email
www-Smiley	Mouse im Netz	APP

5 S – Symbole aus der B2B-Welt

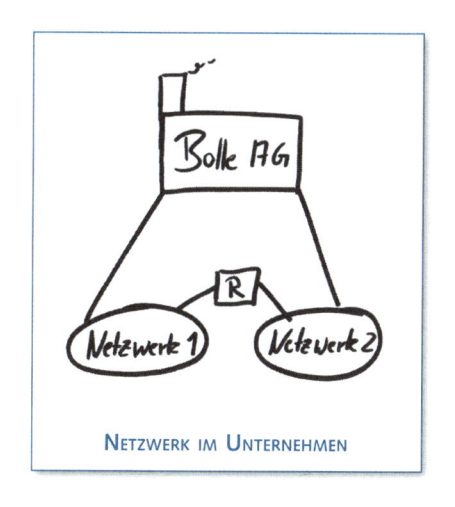

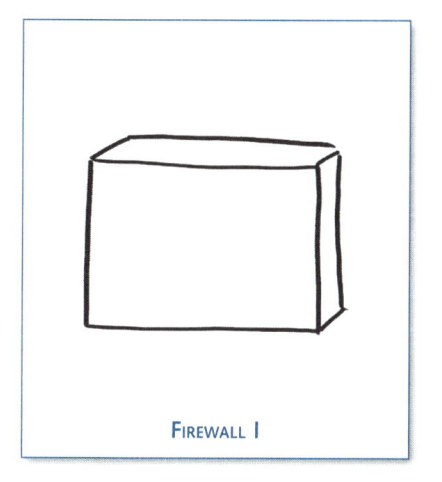

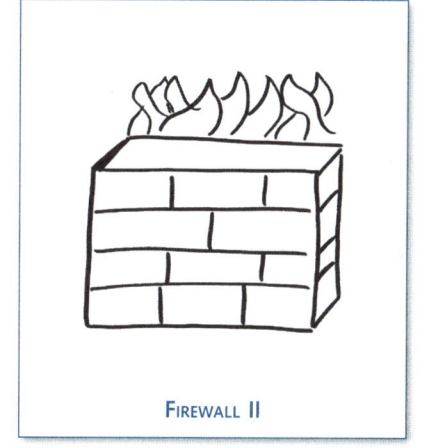

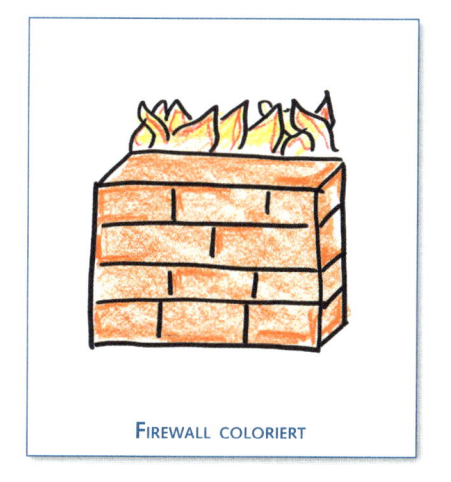

Cloud Service	Cloud-Zugriff weltweit	Netzwerk im Unternehmen
Firewall I	Firewall II	Firewall coloriert

5.8 IT und Telekommunikation

5.9 Finanzwelt

Die Finanzwelt ist ein Kosmos der Zahlen und Fachwörter. Die einfachen Symbole, die Sie in diesem Kapitel finden, helfen Ihrem Kunden, Zahlen und Fachwörter durch einfache Bilder zu ersetzen und sorgen dafür, dass Ihr Kunde Ihnen folgen kann, wenn es um Anlagen, Depots, Aktien und Wertsteigerung geht. Viele dieser Symbole sind bestens dazu geeignet, sie mit Ihren eigenen Texten zu versehen und Ihr Corporate Design darauf anzuwenden.

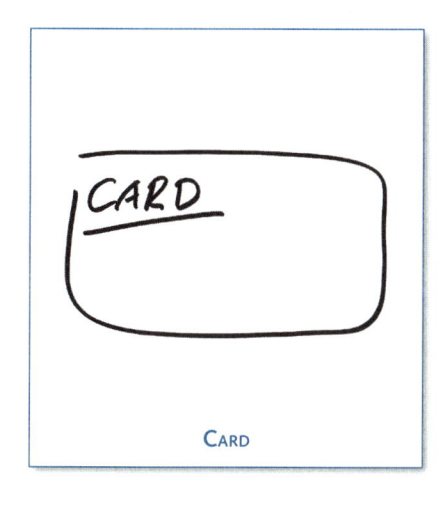

Card	Fliegender Euro	Schein und Münzen
Euro-Tropfen	Stapel Euromünzen	Portemonnaie mit Schein

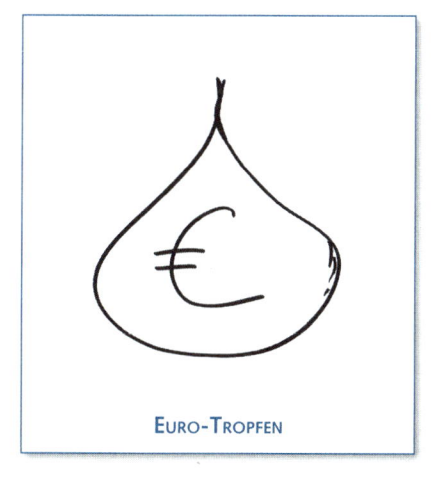

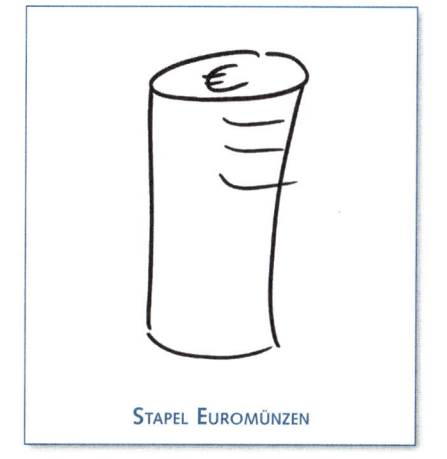

5.9 Finanzwelt

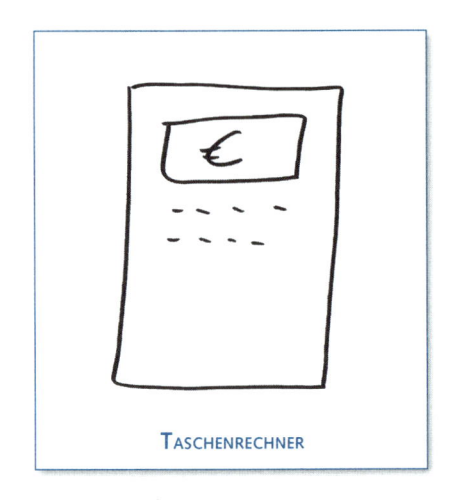

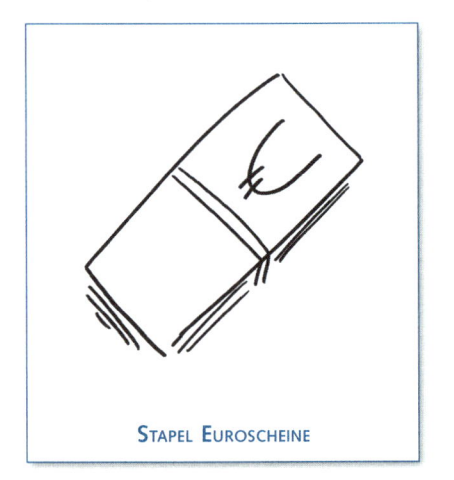

TASCHENRECHNER	SPARSTRUMPF	GELD-KALENDER
STAPEL EUROSCHEINE	PFEIL AUSGABEN/EINNAHMEN	EURO-PFLANZE

5 S – Symbole aus der B2B-Welt

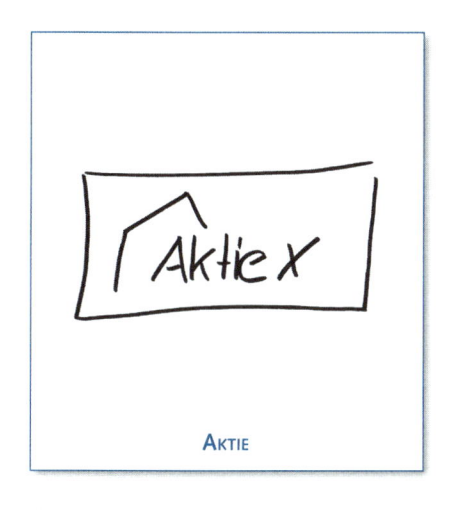

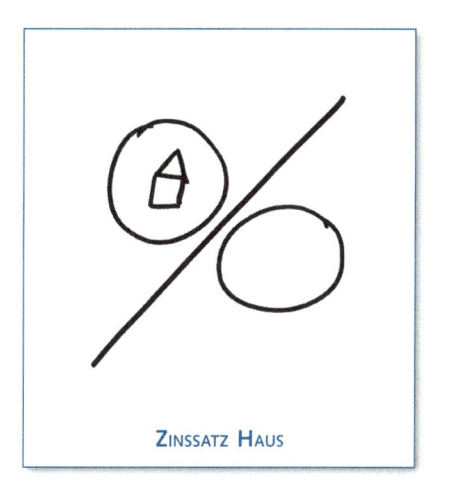

Aktie	**Zinssatz Haus**	**Zinssatz Euro**
Schloss = Sicherheit	**Zinsen steigen**	**Kreditrahmen**

5.9 Finanzwelt

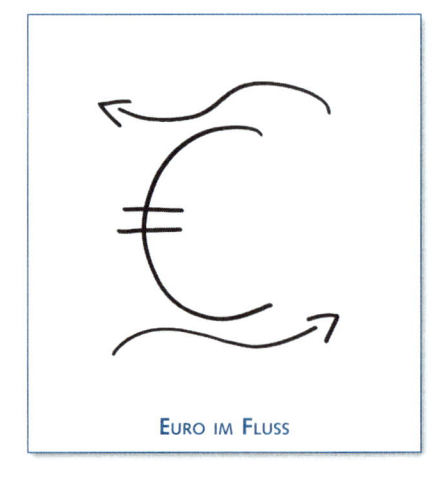

SICHERES PAPIER MIT SCHLOSS	SICHERES PAPIER MIT SCHLÜSSEL	GIRO
SCHUTZSCHIRM	EURO-SCHILD	EURO IM FLUSS

5 S – Symbole aus der B2B-Welt

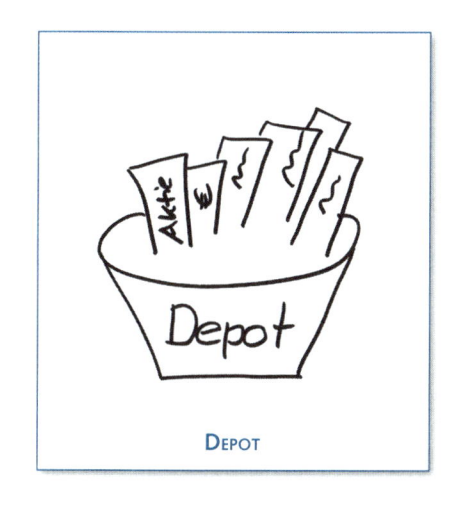

Depot	**Ortsschild Gewinn/Stagnation**	**ROI**
Rechnung	**Invoice**	**Euro am Fallschirm**

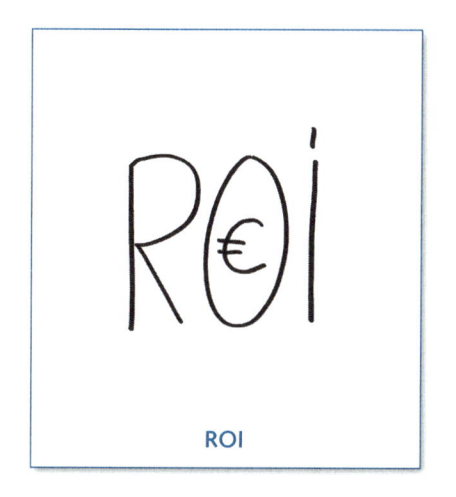

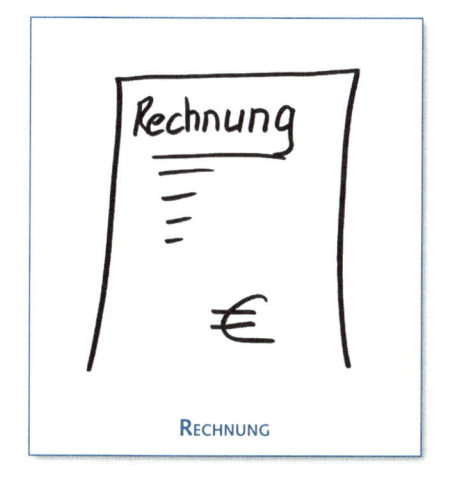

5.9 Finanzwelt

WERTENTWICKLUNG I   WERTENTWICKLUNG II   TEMPEL

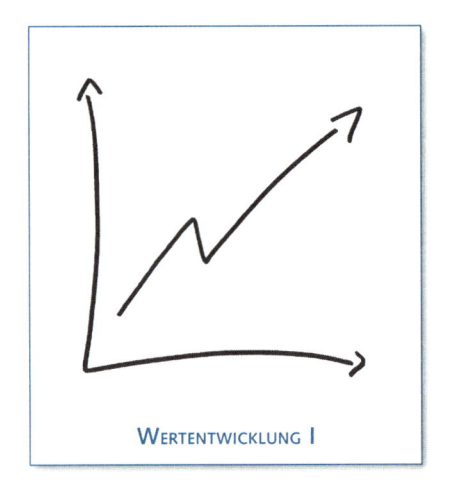

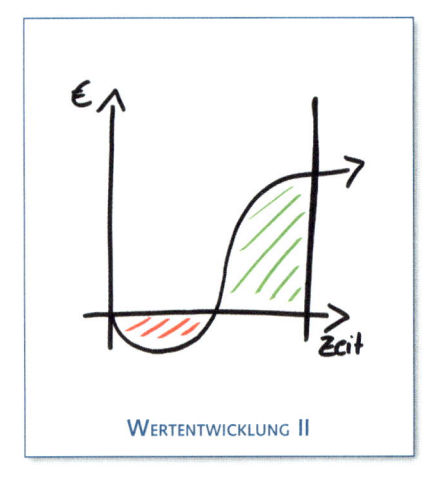

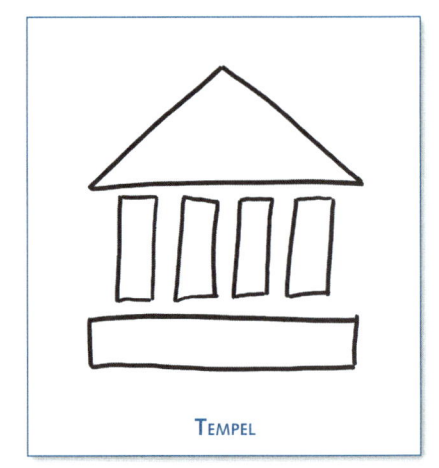

5.10 Healthcare

Die „Gesundheitsbranche" ist der mittlerweile größte Wirtschaftszweig in Deutschland. Eine Branche, in der es sehr stark um das Thema Dienstleistung am Menschen geht. Hier finden Sie eine Auswahl an Symbolen, um diesen Aspekt visuell zu unterstreichen und bewusst in Ihr Verkaufsgespräch zu integrieren.

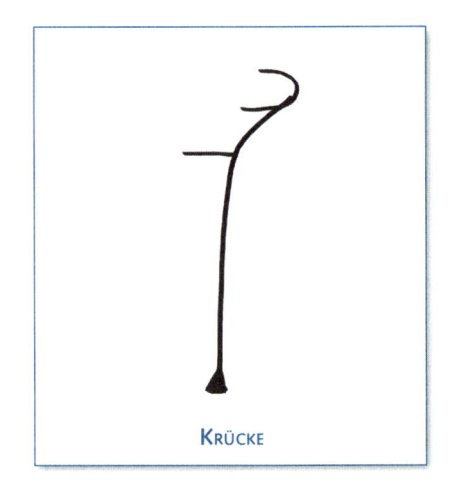

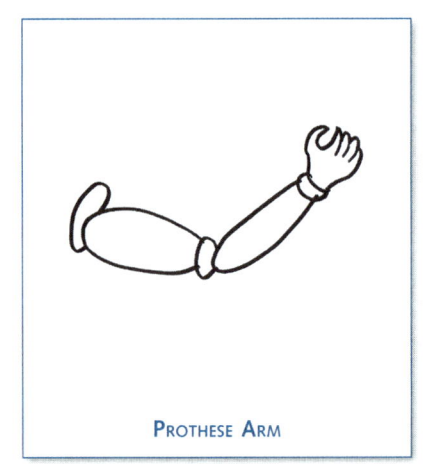

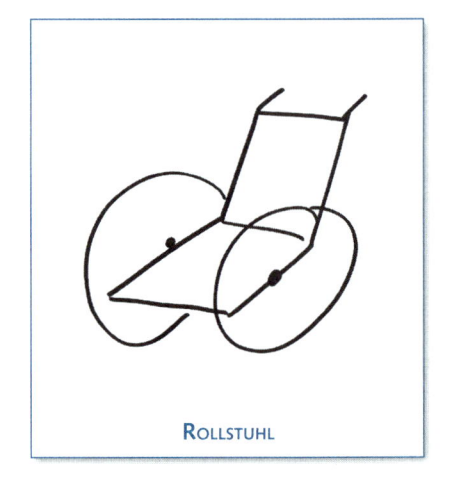

Krücke	Prothese Arm	Prothese Bein
Rollator	Rollstuhlfahrer	Rollstuhl

SALBENTOPF GESUNDHEIT	TABLETTEN MEDI X	SPRITZE
HERZUNTERSUCHUNG	ARZTTASCHE GESCHWUNGEN	ARZTTASCHE GERADE

5.10 Healthcare

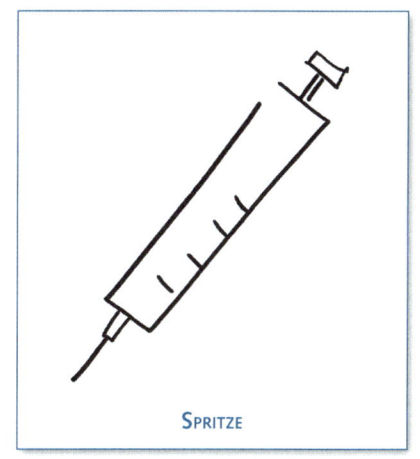

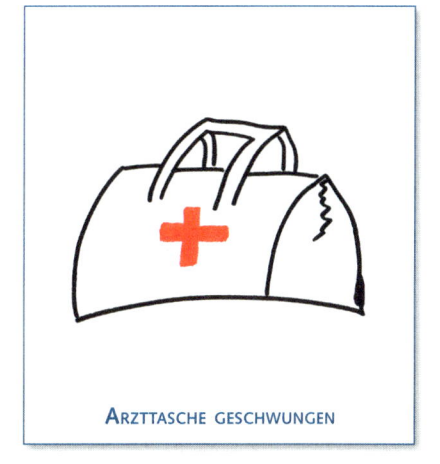

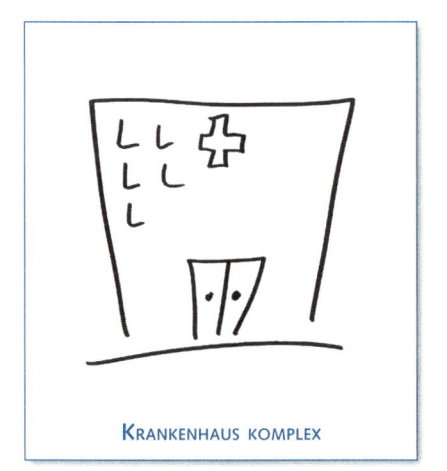

KRANKENWAGEN	AMBULANTER PFLEGEDIENST MOBIL	KRANKENHAUS EINFACH
KRANKENHAUS KOMPLEX	KRANKENHAUSBETT	LUPE MIT MENSCH

PATIENTENAKTE	UNTERSUCHUNG	STETHOSKOP
RÖNTGENGERÄT	TAGESPFLEGE	SENIORENHEIM

5.10 Healthcare

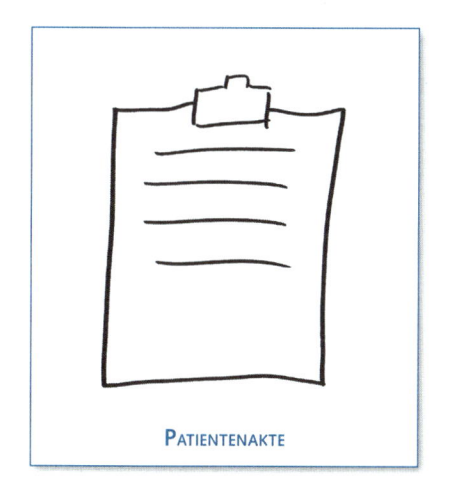

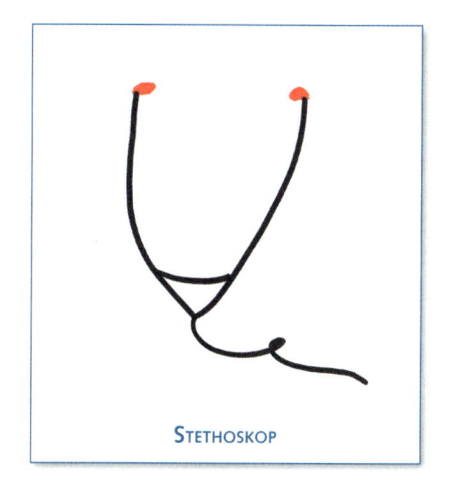

5.11 Mobility

Wir leben in einer mobilen Welt, auf die viele Produkte und Dienstleistungen von Unternehmen im B2B ausgerichtet sind. Im Folgenden finden Sie eine Auswahl an Symbolen für Mobilität, beispielsweise in den Bereichen Straße, Luft und Wasser. Auch diese Symbole können Sie variabel einsetzen. Das Symbol Schiff kann tatsächlich ein Transportmittel darstellen oder Sie verwenden es alternativ als Bild dafür, eine Reise anzutreten, kombinieren es mit einem Zielsymbol, zeichnen vielleicht noch eine Person ins Boot – und schon ist aus dieser Kombination ein Bild für den „Weg zum Ziel" geworden.

BRUMMI

AUTO SCHWUNGVOLL

E-MOBILITY

BULLI

AUTO EINFACH

AUTO ECKIG

5.11 Mobility

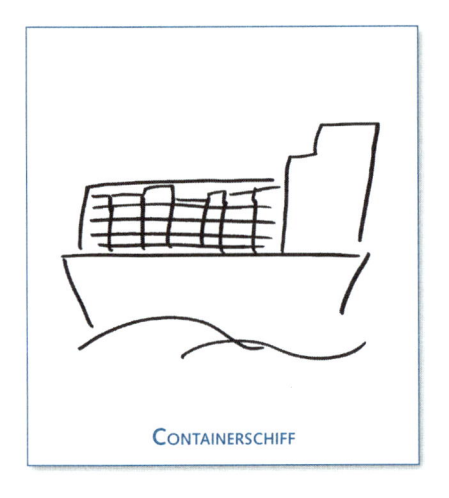

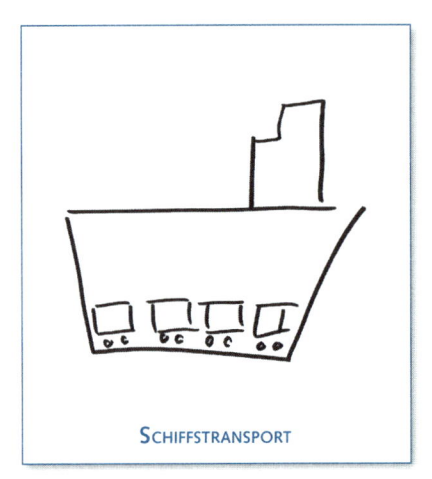

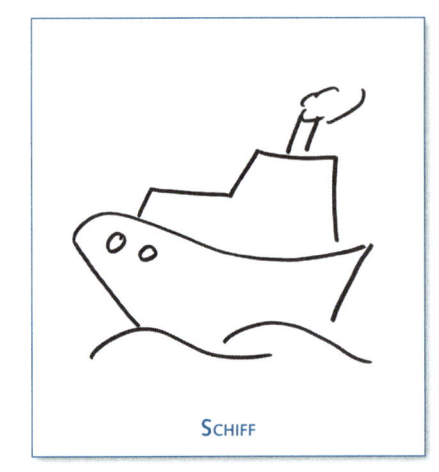

CONTAINERSCHIFF	SCHIFFSTRANSPORT	SCHIFF
SEGELBOOT	WINDSURFER	U-BOOT

5 S – Symbole aus der B2B-Welt

FLUGZEUG	TRANSPORTFLUGZEUG	HUBSCHRAUBER
RAKETE	FALLSCHIRM	HANG GLIDER

5.11 Mobility

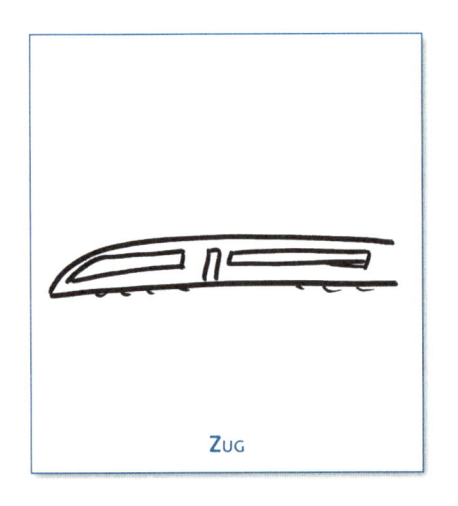

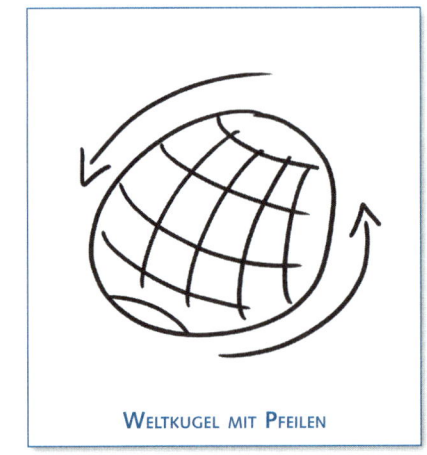

Zug	Tranportwagen Produktion	Rolltreppe
Fahrstuhl innen	Fahrstuhl aussen	Weltkugel mit Pfeilen

5 S – Symbole aus der B2B-Welt

Weltkugel Globus	**Auto als Geschenk**	**Fahrrad**
Segway	**Sportschuh**	**Strasse**

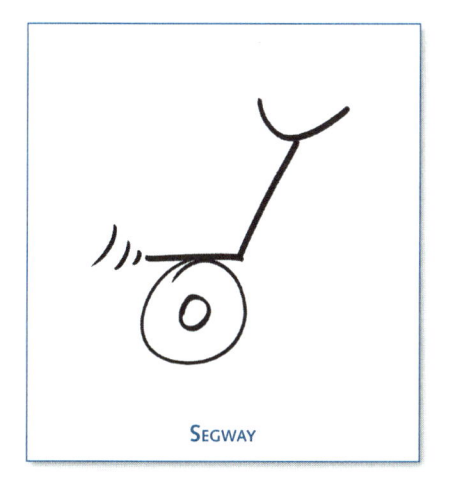

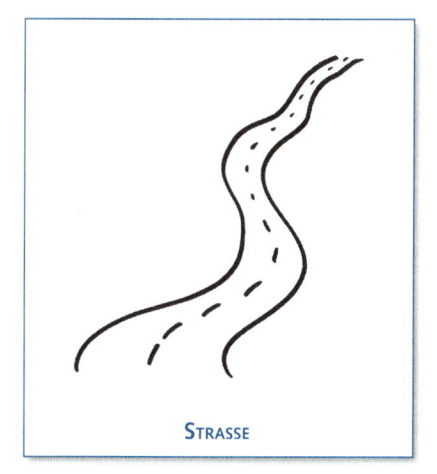

5.11 Mobility

5.12 Ihre eigenen Symbole

Vermutlich gibt es für Ihr konkretes Produkt oder Ihre konkrete Dienstleistung ganz spezielle Symbole oder Sie haben einige, die Sie schon lange und gerne selber verwenden. Fügen Sie diese auf den folgenden Seiten ein, so haben Sie alles zusammen griffbereit in diesem Buch.

Hier können Sie Ihre eigenen Symbole sammeln

5.12 Ihre eigenen Symbole

6 Übungen

Wahrscheinlich haben Sie schon zwischendurch immer mal wieder zum Stift gegriffen und einige Dinge schnell nachgezeichnet. Hier können Sie sofort damit weitermachen oder sich auch erstmalig ausprobieren: Dafür sind einige komplexere Symbole schrittweise dargestellt. Gleich darunter ist Platz zum Üben. Viel Spaß!

6 Übungen

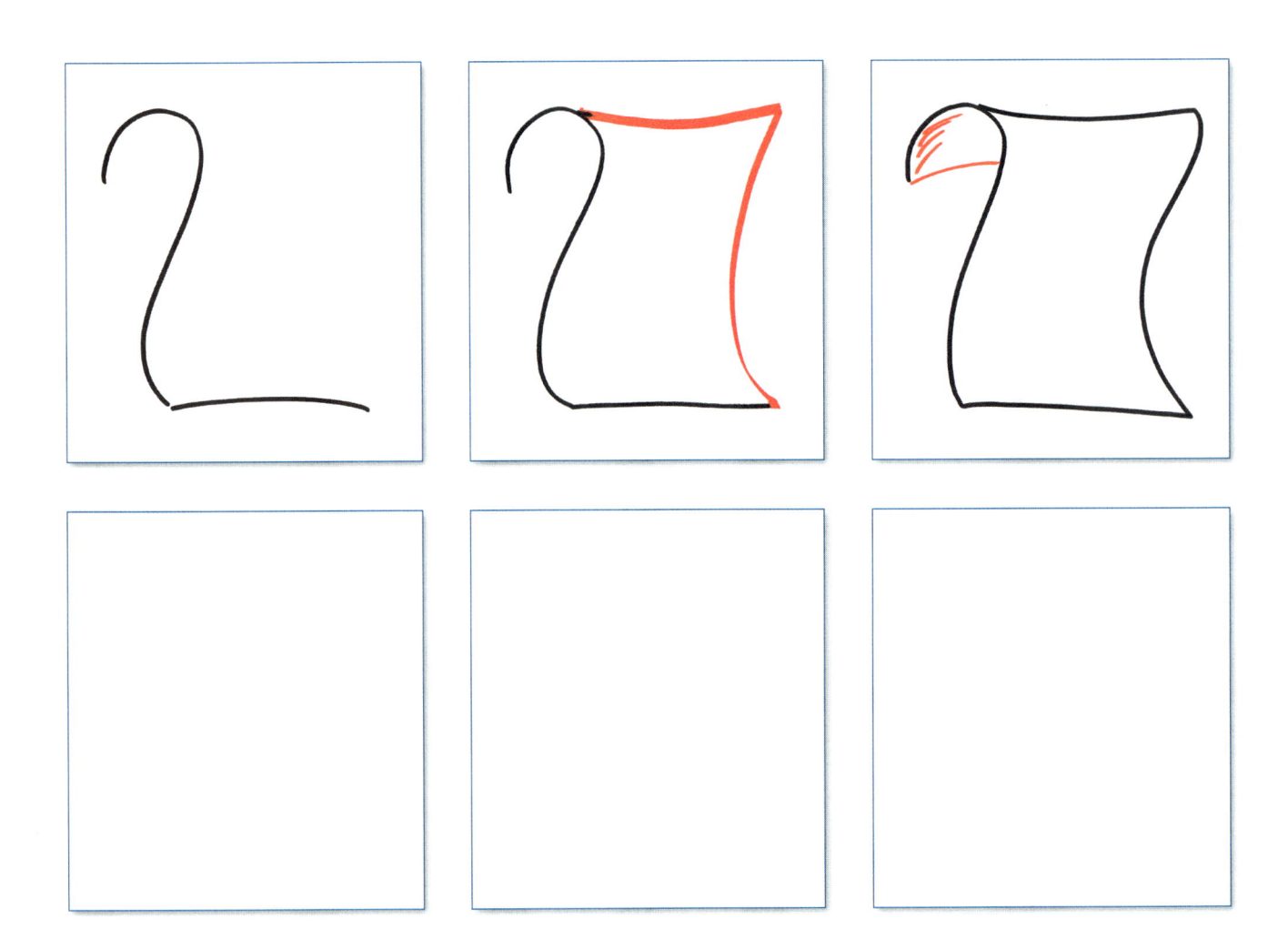

6 Übungen

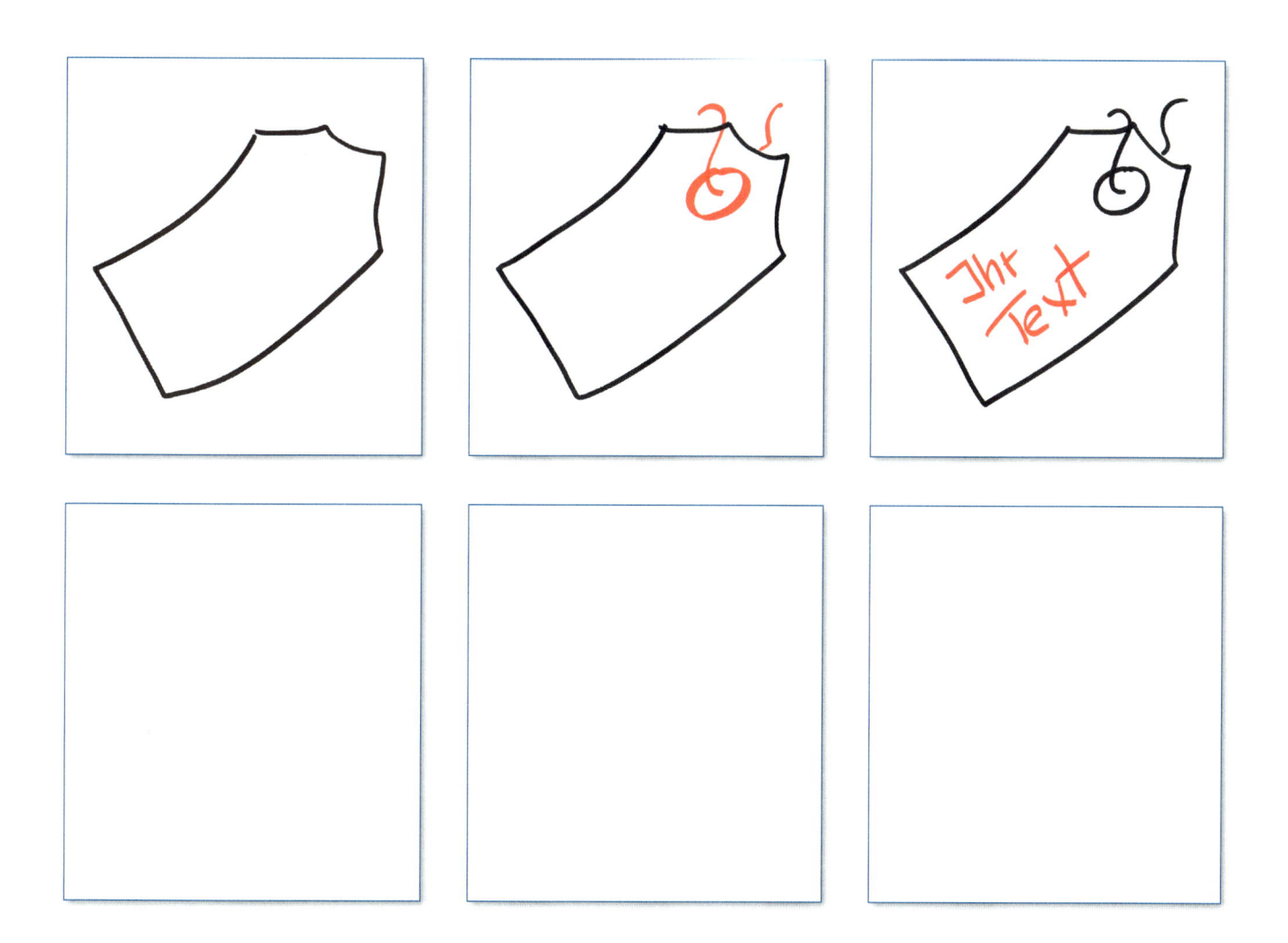

188 6 Übungen

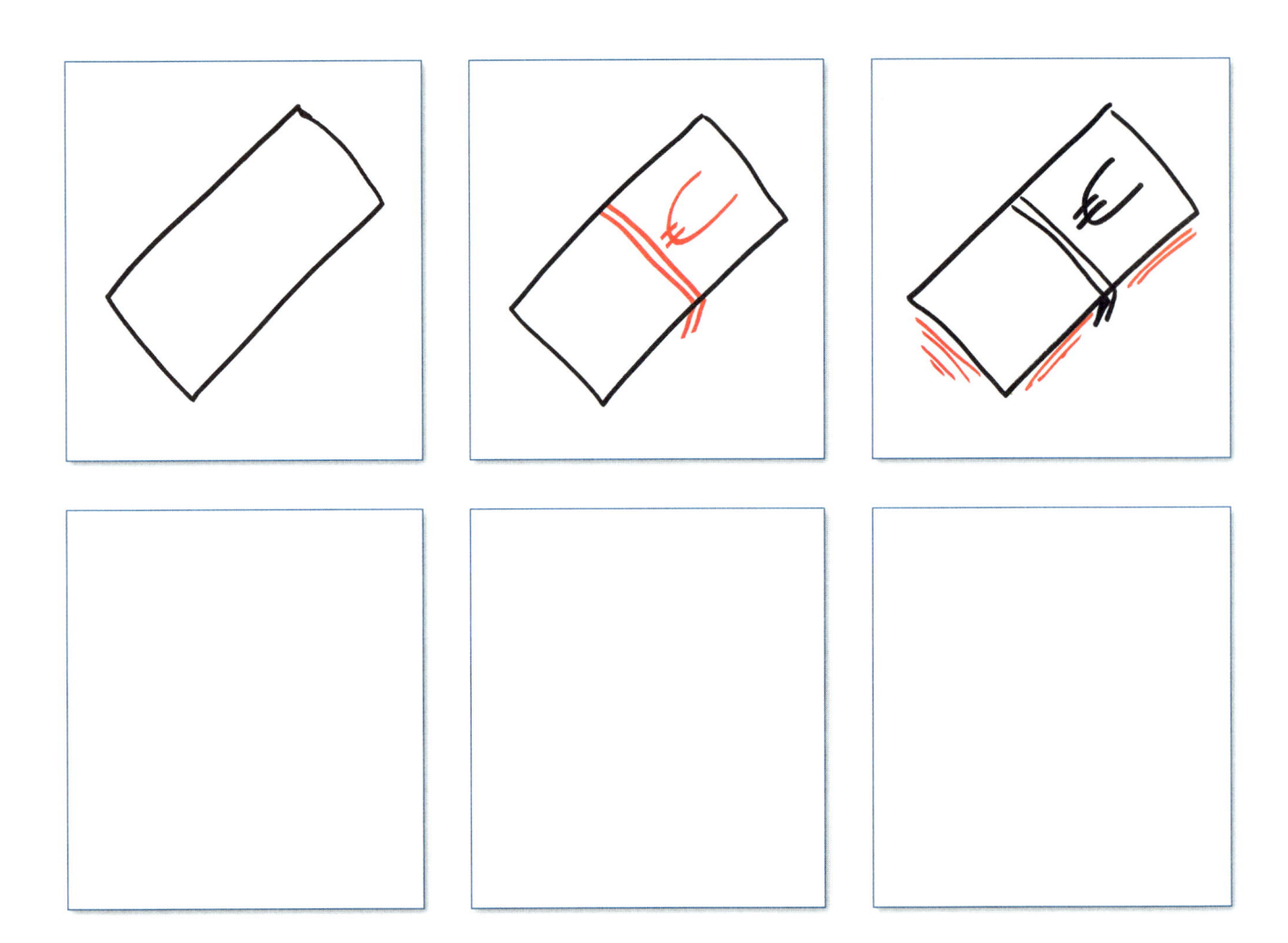

6 Übungen

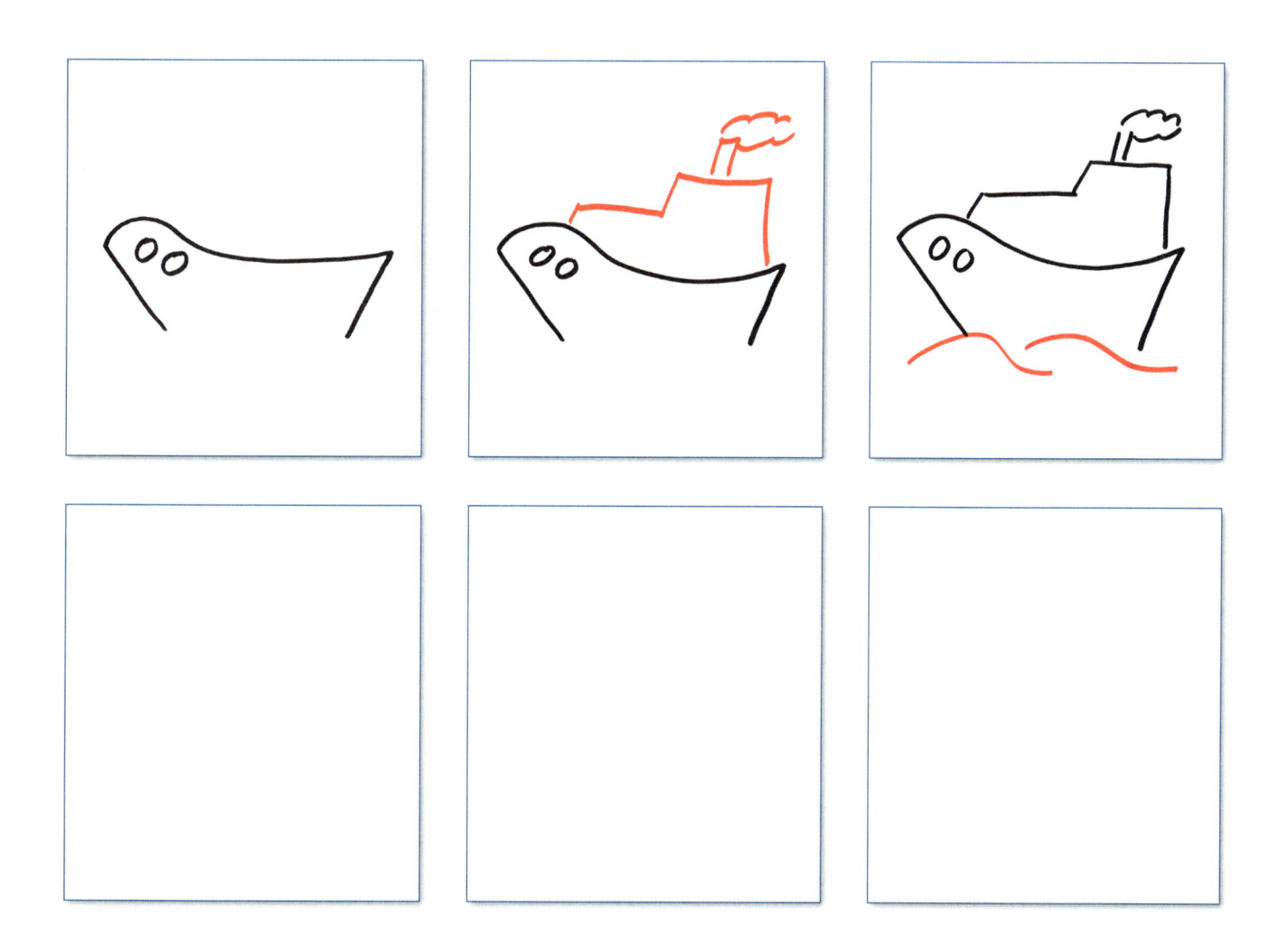

189

6 Übungen

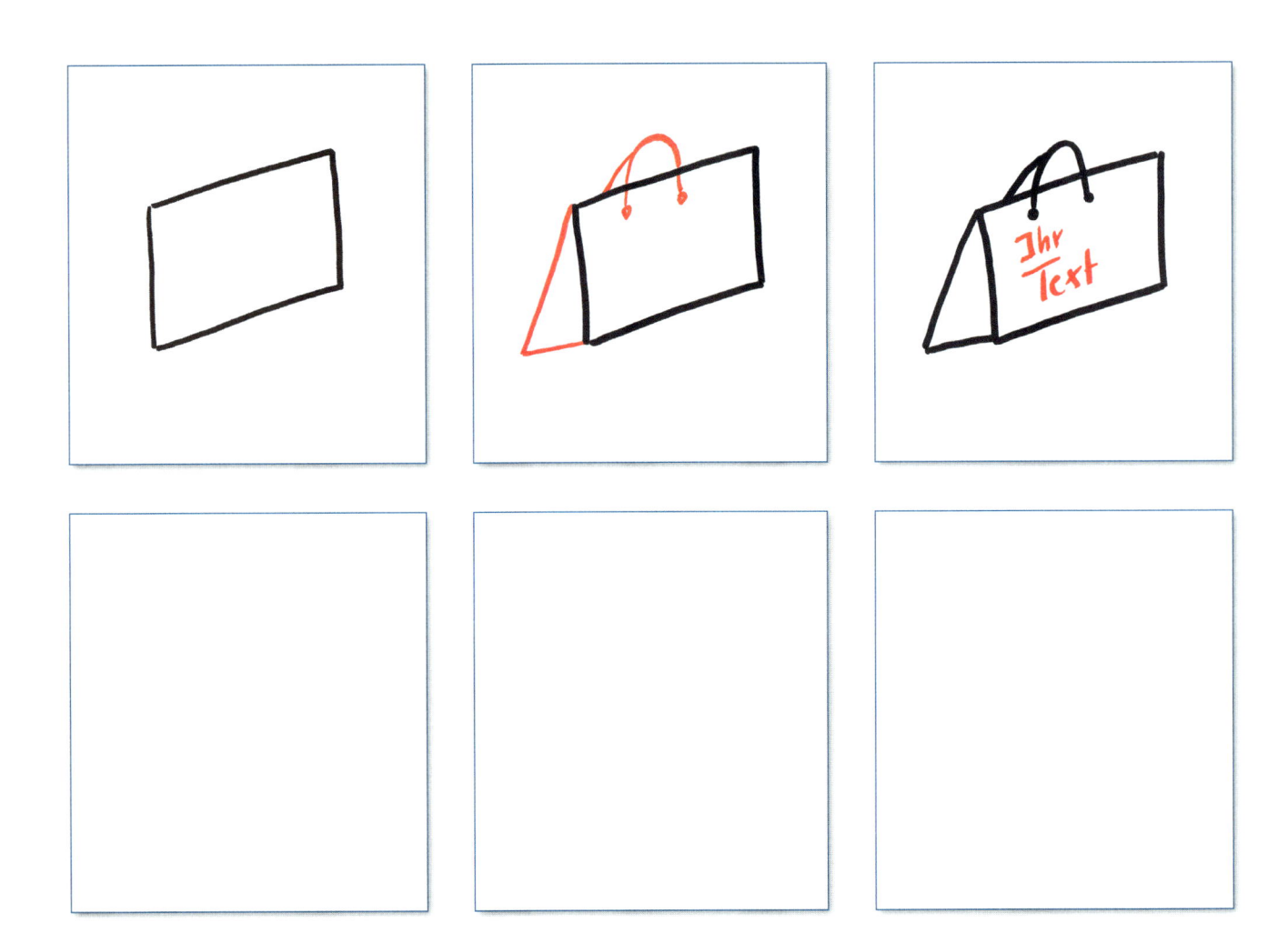

6 Übungen

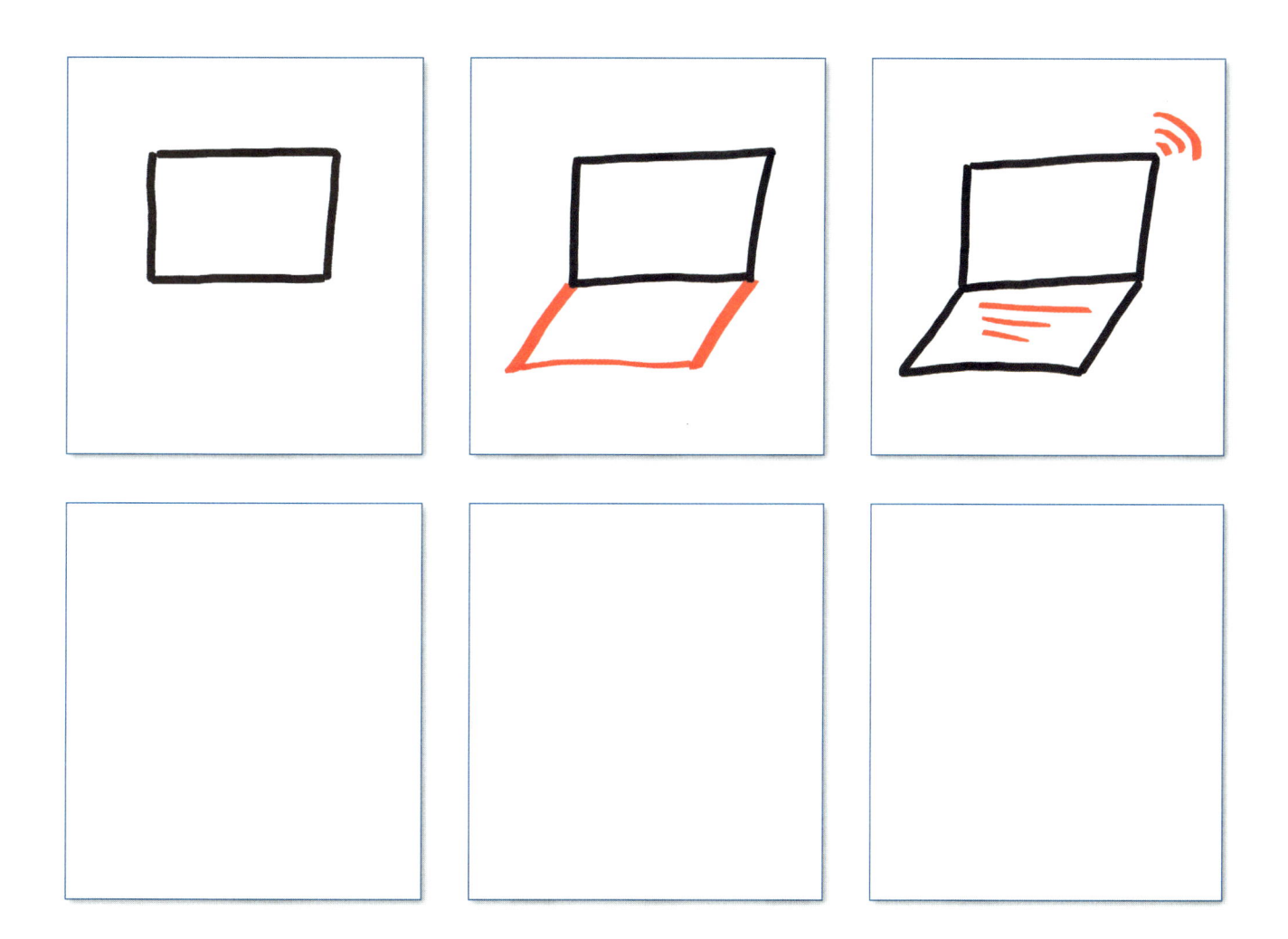

7 Index: Stichwörter, Praxisbeispiele, Symbole und Templates

Die Liste der Praxisbeispiele finden Sie unter dem Eintrag „Praxisbeispiele",
die Liste der Templates unter „Templates".
Symbole sind als Kapitälchen blau ausgezeichnet.

1-2-3-dabei? – Agenda 29
4MAT-System 37
7±2-Regel 16

A

Abschluss 41
Abschlussfrage 43
Achtung-Schild 132
Addition mit Ergebnis 138
Akquise 157
Aktie 167
Aktive Verkaufszeit 75
Alleinstellungsmerkmal 21
Alter Hase 24
Ambulanter Pflegedienst mobil 174
Angebotspaket 154
APP 162
Arzttasche gerade 173
Arzttasche geschwungen 173
Attraktivität 46
Aufsteller 136

Auftrag 153
Aufzählungszeichen 129
Aufzählungszeichen Kreis 130
Aufzählungszeichen offenes Dreieck 130
Aufzählungszeichen Oval abgehakt 130
Aufzählungszeichen Pfeil 130
Aufzählungszeichen Rechteck abgehakt 130
Aufzählungszeichen Viereck 130
Aufzugspräsentation 30
Augen 74
Augenbrauen 73
Augenhöhe 18
Ausrufezeichen 124
Auto als Geschenk 181
Auto eckig 177
Auto einfach 177
Auto schwungvoll 177

B

B2B-Geschäft 153
Backend 161
Balkendiagramm Pfeil nach oben 153
Bauarbeiter 145
Befestigung des Flipcharts 54
Bestseller 155
Betriebssystem 161
Bewegungslinien 74
Big Business 155
Bild aufgehängt 137
Bildbaukasten 64
Bildschirm mit Tastatur 160
Blatt mit Paragraphenzeichen 122
Blatt umgeknickte Ecke 136
Blau 68
Blickkontakt 19
Blitz 124
Box 134

Brainstorming 106
Broschüren 36
Browser 162
Brummi 177
Bulli 177
Buying Center 38

C

Card 165
C.A.U.S.E. 45
Chaos wird zu Struktur 125
Cloud Service 163
Cloud-Zugriff weltweit 163
Colorierung 55
Containerschiff 178

D

Datenpaket 161
Deal 156
Depot 169
Der rote Faden 28
Dokument 136

Dokument gecheckt 126
Dollarherz 153

E

Edward de Bono 109
Einbahnstrassenschild 124
Einfachheit 47
EINLAS 28
Elevator Pitch 30
Email 162
E-Mobility 177
Emotional 17
Emotionsgebende Wirkung 73
Entscheidung 48
Ersttermin 41
Euro am Fallschirm 169
Euro auf Siegerpodest 156
Euro im Fluss 168
Euro-Kuchen 154
Euro-Pflanze 166
Euro-Schild 168
Euro-Tropfen 165

F

Fabrikgebäude mit Namensschild 120
Fabrikgebäude mit Rauch 120
Fahne 138
Fahrrad 181
Fahrstuhl aussen 180
Fahrstuhl innen 180

Fallschirm 179
Familie 147
Farben 67
Fernglas 128
Festnetztelefon 1 159
Festnetztelefon 2 159
Festnetztelefon 3 159
Finanzwelt-Symbole 164
Firewall coloriert 163
Firewall I 163
Firewall II 163
Firmenfarbe 54
Fliegender Euro 165
Flipchart-Marker 52
Flipchart-Papier 49, 50
Flipchart-Tischaufsteller 54
Flipsitenkarte 49
Flugzeug 179
Folgetermin 42
For Sale 155
Fragezeichen 124
Frontend 161
Füssli 56

G

Gastgeber 29
Gedankenblase 133
Gedankensprung 109
Gefahr 125
Gehirngerecht 18
Geldgewinner 157
Geld-Kalender 166

Geldsack 157
Geschäft auf Augenhöhe 20
Geschenk 134
Gewerbegebiet 44
Gewinn geht aus dem Blatt 153
Giro 168
Glühbirne 128
Größe der Blockschrift 56
Grün 69
Grundformen 13, 62
Grundposition 55
Gruppe 143

H

Haftklebestift 40
Hammer + Nagel 128
Handschrift 55
Handtasche 138
Handy 159
Hang Glider 179
Haus, angedeutet mit Sonne 125
Healthcare-Symbole 171
Herzuntersuchung 173
Hirnforschung 17
Hot Deal 155
Hubschrauber 176, 179
Hürde überwinden 123

I

Implikationsfragen 94

Informationen 16
Informationsphase 31
Interna 31
Internationalität 36
Internet 162
Invoice 169
IP-Adresse 161
IT- und Telekommunikation-Symbole 158
IT-Zertifikat 161

K

Kartenmännchen anlehnend 148
Kartenmännchen deprimiert 148
Kartenmännchen entspannt 148
Kartenmännchen herausfordernd 148
Kartenmännchen jubelnd 148
Kartenmännchen verschränkte Arme 148
Kaufentscheidung 17
Keilspitze 52
Kinder 147
Kleiderhaken 54
Koffer 134
Komfortzone verlassen 122
Konjunktive 19
Kopf 74
Kopfstandmethode 127

Kosten stabilisieren 127
Krankenhausbett 174
Krankenhaus einfach 174
Krankenhaus komplex 174
Krankenschwester 145
Krankenwagen 174
Kreativitätstechnik 109
Kreditrahmen 167
Krimi 24
Krücke 172
„Krüsselige" Linie 72
Kunde ist König 145
Kunde kauft ein 145
Kür 49
Kurzzeitgedächtnis 16

L

Lachen 72
Laptop 160
Laptop online 160
Leiter mit Pfeil 122
Leiter mit Strahlen 122
Lernstile 37
Lerntypen 38
Luftballon 137
Lupe mit Balkendiagramm 121
Lupe mit Fragezeichen 121
Lupe mit Mensch 174

M

Material 49
Medaille an Kette 121
Merktechniken 17
Mimik 72
Mimik-Matrix 73
Mimik-Rezept 74
Mobility-Symbole 176
Mouse im Netz 162
Mund 73

N

Nase 74
Neil Rackham 94
Netzwerk im Unternehmen 163
Notizblock 33

O

Offer 155
Optimist 146
Ortsschild Gewinn/Stagnation 169
Ortsschild Profit 154

P

Patientenakte 175
Personen im Gespräch 144
Personen im Konflikt 144
Personen in Harmonie 144
Personen mit Ausrufezeichen 146
Personen-Symbole 142
Personen Zielplanung 144
Personen zugewandt 143
Person grübelt 147
Person lachend 145
Person mit Ausrufezeichen 143
Person mit Fragezeichen 146
Person mit Haaren 143
Person mit Kette 143
Person mit Krawatte 143
Person, Pfeile nach Aussen 146
Person Senior 147
Person vor Entscheidung 146
Person weist nach rechts 147
Person wütend 147
Pessimist 146
Pfeil am Stab 141
Pfeil Ausgaben/Einnahmen 166
Pfeile 139
Pfeile gerade mit Text 140
Pfeile, ineinander greifend 141
Pfeil einfach mit Dreieck-Spitze 140
Pfeil Euro 140
Pfeil gerade mit Gesicht 141
Pfeil mit Doppelstrich 140
Pfeil mit Text 133
Pfeil mit Zeitstrahl 122
Pfeil nach unten 134
Pfeil schwungvoll 140
Pfeil schwungvoll freundlich 141
Pfeil Spirale nach oben 141
Pfeil umgeht Problem 141
Pfeil von Dick nach Dünn 140
Pflaster 124
Pflicht 49
Phasen im Verkaufsgespräch 28
Portemonnaie mit Schein 165
Powerpoint 21
Praxisbeispiele
  Betriebshaftpflicht-Versicherung 117
  Einarbeitungsprogramm 83
  Fahrzeugflotte 67
  Gebäudereinigung 108
  Implementierung Action Learning 79
  Katalog-APP 115
  Kühlkette 97
  Online-Marketing 103
  Seminar-Verkauf 49
  Tel-Good 71
Preisnachlässe 19
Preis vs Leistung 154
Problemfragen 94
Produkt/Dienstleistung 154
Produktionslinie 125
Produktpalette erweitern 127

Prothese Arm 172
Prothese Bein 172
Provisionsmodell 157
Punktlandung 126
Puzzle 138

Q
Quadrat mit Nummer 137
Quadrat mit Pfeilen 136

R
Rabatt-Anhänger 156
Rabatt-Pflaster 156
Rabatt-Platsch 156
Rabatt-Schild 156
Rakete 179
Rational 17
Rechnung 169
Rechteck 132
Rechtsanwalt 144
Redeanteil 16
Regenschirm 128
Reihenfolge 63
Risikodreieck 124
ROI 169
Rollator 172
Rollstuhl 172
Rollstuhlfahrer 172
Rolltreppe 180
Röntgengerät 175
Rot 69
Routing 161

Rückblick-Loop 127
Rundspitze 53

S
Sack 134
Salbentopf Gesundheit 173
Sales-Appeal 18
Sanduhr 125
Schatteneffekte 72
Schattenstift 72
Schein und Münzen 165
Schere 125
Schiff 178
Schiffstransport 178
Schild auf Pfahl 136
Schild geklebt 132
Schild genagelt 132
Schild geschraubt 132
Schild negativ 126
Schild Ortsschild Ende 138
Schild positiv 126
Schild Preis 134
Schloss = Sicherheit 167
Schriftbild 53
Schutzschirm 168
Schwarz 68
Segelboot 178
Segway 181
Selbsthaftendes Flipchart-Papier 54
Seniorenheim 175

Sicheres Papier mit Schloss 168
Sicheres Papier mit Schlüssel 168
Sicherheitsschloss 160
Situationsfragen 94
Smartphone 159
Sold 155
Sparstrumpf 166
Spiegelneuronen 72
Spontan-Termine 44
Sportschuh 181
Sprechblase 132
Sprechblase Flüstern 135
Sprechblase Herz 135
Sprechblase mit Sternchen 135
Sprechblase Quadrat 135
Spritze 173
Stapel Euromünzen 165
Stapel Euroscheine 166
Stethoskop 175
Stift 128
Strasse 181
Strassenschild 1 Pfahl 133
Strassenschild 2 Pfähle 133
Strichführung 57
Symbole aus der B2B-Welt 118
Symbole Dose 138
Explosive Sprechblase 135

T
Tablet 159
Tabletten Medi X 173
Tagespflege 175
Taschenrechner 166
Team vergrössern 127
Telefonist 145
Telko-Provider 160
Tempel 170
Templates 77
   3-Felder- und 4-Felder-Tafel 90
   4MAT-System (Lösung) 107
   „Aus eckig mach' rund" 112
   Benchmark 98
   Den Berg erklimmen 88
   Diagonale 114
   Fluss 93
   Fußballfeld 99
   Gegenüberstellung, Vergleich 87
   Investment-Baum 79
   Ishikawa-/Fischgrätendiagramm 96
   Justitia, die Waage 80
   Kopfstandmethode 109
   Kosten – Nutzen 81
   Mindmap 78
   Problemanalyse 106

Pyramide 101
Regenschirm 100
Rundumcheck 102
Schnittmenge 111
SPIN-Verkaufsmethode 94
Step by step – die Treppe 86
Stern 110
SWOT 116
Systemisches Netz 91
Thermometer/Gewichtung 104
Wege zum Ziel 82
Wunschkonzert 105
Zeit = Geld 84
Zielfeld 89
Tesafilm 137
Tinte 53
Tonspur 36
Tranportwagen Produktion 180
Transport 52
Transportflugzeug 179

U

Überzeugung 46
U-Boot 178
Übungen 185
Umsatzpfeil 123
Unbedruckte Seite 50
Universell einsetzbare Symbole 119

Unternehmen als Kreis 120
Unternehmen im Haifischbecken 121
Unternehmen mit Blick von aussen 121
Unternehmensdarstellung als Haus 120
Untersuchung 175
Urkunde 121
Urkunde mit Text 122
USP 21

V

Varianten der Blockschrift 57
VART–Formel 63
Verkäufer 144
Verkäufermappe 44
Verkäufer-Typ 24
Verkaufsaktive Zeit 10
Verkaufserfolg 10
Verkaufswaffe 43
Verkauf – Symbole 152
Verständlichkeit 47
Vertrag 153
Viereck mit Holzstreben 136
Visuelle Toolbox 64
Visuelle Verpackung (ViVe) 67, 131
Vorbereitung 27
Vorteilshaken 126

W

Waage 123
Waage als Mensch 126
Waage mit Haus und Geld 123
Wachsmalblöcke 55, 70
Wachstum I 123
Wachstum II 123
Wegweiser drei Schilder mit Gras 137
Wegweiser ein Schild 137
Wegweiser mit drei Schildern 127
Weinen 72
Weltkugel Globus 181
Weltkugel mit Pfeilen 180
Werbebotschaften 15
Werkzeugkoffer 64
Wertentwicklung I 170
Wertentwicklung II 170
Wettbewerb 21
Windsurfer 178
WLAN-Router 160
Wolke 131 133
Wolke invers 133
www-Smiley 162

Z

Zeichenprofi 45
Zeichnen 62

Zeichnen in 3 bis 4 Schritten 65
Zeitersparnis-Kuchen 154
Zeitersparnis-Stückchen 128
Zettel abgerissen 135
Ziele setzen 25
Ziel Fadenkreuz 151
Ziel fokussieren 151
Zielformulierung 26
Ziel Golf 150
Ziel, Google Maps 150
Ziel Holzschild 150
Ziel Hügel 150
Ziel mit Kegel 150
Ziel, persönliches 151
Ziel Profitcenter 151
Zielscheibe mit Pfeil 151
Zielschild 150
Ziel-Symbole 149
Ziel Unternehmen 151
Zinsen steigen 167
Zinssatz Euro 167
Zinssatz Haus 167
Zinssatz sinkt 157
Zinssatz steigt 157
Zug 180
Zusammenfassung 33
Zwei Personen mit Firmenschild 120
Zwei Unternehmen mit Schnittmengen 120

Herzlichen Dank!

Wir danken allen, die sich die Zeit genommen haben, uns bei der Entstehung von FlipchartSALES zu unterstützen.

Monika und Stefan Thielen für die nette Namensgebung in Sachen Verkaufsgespräch und ihren zielgerichteten Einblick ins Thema Objektmanagement.

Andreas Zehnpfennig für seinen Blick aufs Detail und sein Know-how rund um IT & Telekommunikation.

Min von Cramer und Erhardt Hackbarth für den pointierten Blick auf unsere Zielgruppe.

Kordula Dalming für ihren Input in Sachen „Finanzen", Helge Krüger für einen Crash-Kurs zum Thema „Betriebshaftpflicht".

Ein großes „Danke Sehr" an Dr. Gerhard Seitfudem von Publicis für seine fachliche Begleitung und seine uneingeschränkte Unterstützung.

Markus, Danke Dir für Deinen verkäuferischen Input und Deine wertvolle kritische Denke.

Laleh Madjidi & Elke Meyer

Für Informationen zum Thema Unternehmensfachbücher
(„Corporate Books") wenden Sie sich bitte an unser Lektorat:
gerhard.seitfudem@publicis.de, Tel. 09131 9192 511.

Sven Voelpel, Anke Fischer

Mentale, emotionale und körperliche Fitness

Wie man dauerhaft leistungsfähig bleibt

Januar 2015,
200 Seiten, gebunden
ISBN 978-3-89578-450-7
€ 24,90

Wie können wir hohe Leistung vollbringen, ohne uns derart zu verausgaben, dass irreparable Defizite entstehen? Dieses Buch bietet Tipps und Empfehlungen, Checklisten, Selbsttests, Strategien und Maßnahmen, mit denen wir unsere Fitness typgerecht optimieren können.

Mario Pricken

Die Aura des Wertvollen

Produkte entstehen in Unternehmen, Werte im Kopf. 80 Strategien

2014, 252 Seiten,
100 Grafiken, gebunden
ISBN 978-3-89578-438-5
€ 39,90

„Die Aura des Wertvollen" ist gleichzeitig ein Innovationsbuch für kreative Vordenker aus Entwicklung, Marketing, Design, Events und Kunst sowie unterhaltsamer Lesestoff für Menschen, die wertvolle Dinge schätzen und verstehen wollen, was diese Produkte zu etwas Besonderem macht.

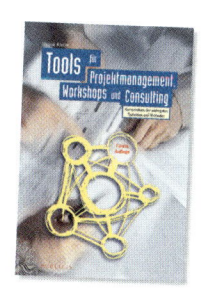

Nicolai Andler

Tools für Projektmanagement, Workshops und Consulting

Kompendium der wichtigsten Techniken und Methoden

5. Auflage, 2013,
488 Seiten, 151 Abbildungen,
75 Tabellen, gebunden
ISBN 978-3-89578-430-9, € 49,90

Das erfolgreiche Buch richtet sich an Projektmanager und -mitarbeiter, Berater, Trainer, Führungskräfte und Studenten, die mehr Instrumente beherrschen wollen als Mindmap oder Brainstorming. Sie finden darin alle wichtigen Tools, inklusive Bewertung und Hinweisen zur Anwendung.

www.publicis-books.de

Stefanie Widmann,
Andreas Wenzlau

Moderne Parabeln

Eine Fundgrube für Trainer, Coachs und Manager

2. Auflage, 2014,
226 Seiten, gebunden
ISBN 978-3-89578-427-9
€ 22,90

Sie brauchen einen Einstieg für einen Vortrag oder Workshop, ein Seminar, Training oder Moderationsgespräch oder Sie wollen Inhalte verdeutlichen? „Moderne Parabeln" bietet Ihnen hundert einfache, kurze, gut einsetzbare Geschichten, verpackt in einem attraktiven, handlichen Buch.

Peter Kehr,
Hans-Peter Wannemüller

Lernprozesse in Gruppen

Planungs- und Handlungsleitfaden für Trainer, Dozenten und Lehrer

2014, 197 Seiten, gebunden
ISBN 978-3-89578-389-0
€ 34,90

Dieses Buch bietet hohen praktischen Nutzen. Es liefert Anregungen und Handlungsideen, mit denen sich Lernprozesse in Gruppen professionell, zielorientiert, effektiv und nachhaltig planen, gestalten und situationsorientiert durchführen lassen.

Elke Meyer,
Stefanie Widmann

FlipchartArt

Ideen für Trainer, Berater und Moderatoren

4. Auflage, 2014, 216 Seiten,
158 Abbildungen, gebunden
ISBN 978-3-89578-433-0
€ 34,90

Das Buch bietet etwa 200 konkrete Beispiele zur Gestaltung attraktiver Flipcharts. Die Vorbereitung von Seminaren, Besprechungen oder Workshops wird damit deutlich vereinfacht, der Zeitaufwand reduziert. FlipchartArt gehört in jeden Moderatoren-, Trainer- und Beraterkoffer!

www.publicis-books.de